〈図書館版〉スポーツのスゴイ話②

高校野球のスゴイ話

著『野球太郎』編集部

高校野球のスゴイ話　もくじ

第1章 熱いぞ！ 甲《こう》子《し》園《えん》熱《ねっ》球《きゅう》物《もの》語《がたり》

第2章

甲子園《こうしえん》なんでも情報《じょうほう》

第1章 熱いぞ！ 甲子園《こうしえん》熱球《ねっきゅう》物語《ものがたり》

田《た》中《なか》将《まさ》大《ひろ》と斎《さい》藤《とう》佑《ゆう》樹《き》

■春夏つづけて延長《えんちょう》引き分け再試《さいし》合《あい》

高校野球の試合では、9回をおわって同点で勝敗《しょうはい》が決まらなかった場合、15回まで延長戦がおこなわれる。

もしも、延長15回まで戦っても同点だったらどうなる?

正解は「引き分け再試合」。別の日にもう一度、試合をして勝負を決める。別の日といっても、まず次の日になるから、選手たち、特に投手はたいへんだ。

引き分け再試合はめったにないことだけど、2014(平成26)年、春の選抜甲子《せんばつこうし》園大会《えんたいかい》では、2回戦の桐生第一高校《きりゅうだいいちこうこう》(群馬《ぐんま》)対広島新庄高校《ひろしましんじょうこうこう》(広島《ひろしま》)の試合が、延長15回を戦って1対1の引き分け。次の日の再試合で桐生第一高校が4対0で勝った。春休み中だったから、テレビで試合を見ていた小学生もたくさんいただろう。

このたいへんな引き分け再試合を、なんと2度、春と夏の甲子園でつづけて経験したチームがある。今から8年前の2006（平成18）年に出場した早稲田実業学校《わせだじつぎょうがっこう》（東京《とうきょう》）だ。

まず、春のセンバツで2回戦の関西高校《かんぜいこうこう》（岡山《おかやま》）戦が延長《えんちょう》15回引き分けとなり、次の日の再試合《さいしあい》で勝った。このときエースだったのは、今は北海道日本《ほっかいどうにっぽん》ハムファイターズでプレーする斎藤佑樹《さいとうゆうき》投手《とうしゅ》。延長15回を完投して、再試合でもリリーフで7イニングを投げた。さらに次の日の準々決勝、横浜高校《よこはまこうこう》（神奈川《かながわ》）戦では力つきて負けてしまったが、斎藤投手はその日から夏の甲子園《こうしえん》をめざした。

■まったくちがうタイプのライバル

目標どおりに西東京代表として出場した夏の大会。斎藤投手の活躍《かつやく》によって早稲田実業学校はどんどん勝ち進み、決勝までのぼりつめた。戦った相手は、南北海道代表の駒澤大学附属苫小牧高校《こまざわだいがくふぞくとまこまいこうこう》。そのときのエースが、今やニューヨーク・ヤンキースの一員となった田中将大《たなかまさひろ》投手だった。

試合はエースどうしの投げ合いになり、1対1のまま延長15回引き分け。日本全国の人たちが注目するなか、37年ぶり2度目となる決勝戦の引き分け再試合《さいしあい》になった。早稲田実業学校《わせだじつぎょうがっこう》にとって2度目の再試合は、優勝《ゆうしょう》が決まる試合だったのだ。

　春は優勝したことのある早稲田実業学校も、夏は準優勝が最高の成績《せいせき》。いっぽうの駒澤大学附属苫小牧高校《こまざわだいがくふぞくとまこまいこうこう》にとっては、73年ぶりの夏の甲子園《こうしえん》3連覇《れんぱ》（3年連続全国優勝）がかかっていた。田中投手《たなかとうしゅ》は前の年、2年生のときから甲子園《こうしえん》で投げて優勝を経験していた。

　はたして、勝つのはどちらか。このとき、テレビや新聞は、人気も実力もある斎藤《さいとう》投手と田中投手のエース対決を大きくとりあげていた。

　打者を三振《さんしん》にうちとれば「ウォリャー！」とおたけびをあげ、いつも気持ちをおもてに出して、いさましい表情の田中投手。やさしげでかしこそうな顔で、打ちとっても打たれてもあまり表情を変えない斎藤投手。まったくちがうタイプの選手だから、なおさら対決が注目された。

　いっきにライバルかんけいになったふたり。甲子園で出会うまでのあいだ、それぞれ、どういう野球の道を歩んできたのだろう。

駒澤大学《こまざわだいがく》附属《ふぞく》苫小牧《とまこまい》高校《こうこう》のエース・田中将大《たなかまさひろ》投手。現在はニューヨーク・ヤンキースの一員として活躍《かつやく》している。

■負けん気が強かった斎藤投手《さいとうとうしゅ》

斎藤投手は、群馬県太田市《ぐんまけんおおたし》で生まれた。小学1年生のときに少年野球チームに入って、そのころから投手をやっていた。3歳《さい》上のお兄さんといっしょに、アニメにもなった人気の野球マンガ『MAJOR《メジャー》』をよく読んでいたそうだ。

地元の生品中学校《いくしなちゅうがっこう》では軟式野球部《なんしきやきゅうぶ》。群馬県の大会、関東《かんとう》の大会でいい成績《せいせき》をあげて、新聞にとりあげられたこともある。野球だけでなく、勉強の成績もよかった。

3年生のとき、斎藤投手は「野球だけでは人間的にも成長できない」と考えていた。そこで、勉強もスポーツもしっかりとりくむことで有名な、東京の早稲田実業学校《わせだじつぎょうがっこう》に進学する。15歳で群馬の家を出て両親とはなれたけれど、東京にはお兄さんが住んでいたのでいっしょにくらす生活が始まった。

早稲田実業学校は、868本塁打《ほんるいだ》のプロ野球記録をもつ王貞治選手《おうさだはるせんしゅ》（元巨人《きょじん》）の出身校だ。その王選手が2年生エースだった1957（昭和32）年に、春のセンバツで優勝《ゆうしょう》している。また、1年生エースの荒木大輔《あらきだいすけ》投手（元ヤクルト）が活躍《かつやく》した1980（昭和55）年には夏に準優勝。荒木投手は「大《だい》ちゃん」とよばれて、アイドルのように人気があった。そうした歴史もある野球部で、斎藤投手《さいとうとうしゅ》は1年生からベンチに入った。まだコントロールは悪く、体も細かったなかで、肩《かた》の強さが光っていた。練習では長い距離《きょり》を走るのが苦手だったけれど、だれよりも負けん気が強かった。一生懸命《けんめい》に練習して、2年生のときにはエースナンバーの背番号《せばんごう》1をつけた。

■兵庫《ひょうご》から北海道《ほっかいどう》に行った田中《たなか》投手

いっぽうの田中投手は、兵庫県《ひょうごけん》の伊丹市《いたみし》で生まれ、小学生のときは地元の少年野球チームで捕手《ほしゅ》をやっていた。じつはこのとき、バッテリーを組んでいた投手が、今は巨人《きょじん》でプレーしている坂本勇人《さかもとはやと》選手《せんしゅ》。同じチームからふたりもプロ野球選手が出たのはスゴイし、どちらも、プロではちがうポジションをやっているのがおもしろい。

中学に進むと、宝塚《たからづか》ボーイズというボーイズリーグのチームで硬式野球《こうしきやきゅう》をはじめる。肩が強かったので、捕手だけでなく投手もやっていた。

3年生のとき、田中投手は、地元ではなく北海道《ほっかいどう》の駒澤大学附属苫小牧高校《こうこう》への進学を決めた。ある日、野球部の練習を見学に行って、この学校の野球がすごくいいと感じたことがきっかけだった。

田中投手《たなかとうしゅ》が入学した2004(平成16)年の夏、第《だい》86回全国高等学校選手権大会《かいぜんこくこうとうがっこうせんしゅけんたいかい》。駒澤大学附属苫小牧高校《こまざわだいがくふぞくとまこまいこうこう》は、はじめて甲子園《こうしえん》で優勝《ゆうしょう》した。南北海道《みなみほっかいどう》代表の高校として、春と夏を通じてはじめての優勝だったからスゴイことだ。

それまで、北海道の高校が優勝できなかったのは、雪がふりつもって寒《さむ》さがきびしい冬に、外で練習できないせいもあった。冬でもふつうに練習できる地域の学校とくらべて、勝つために足りないところが出てくるのはしかたないと思われていた。

しかし、当時、駒澤大学附属苫小牧高校をひきいていた香田誉士史監督《こうだよしふみかんとく》は、雪のせいで勝てないことはない、と考えた。雪がつもったら雪の上でノックをして、冬でも外で練習をやりつづけた。さらに、守備のときにしっかりバックアップすること、カバーすること、いつも全力で走ることを選手たちに教えこんだ。

■プロもおどろいたスライダー

香田監督の教えを受けた田中投手は、2年生の春に甲子園初出場。チームは2回戦で敗《やぶ》れたが、田中投手《たなかとうしゅ》自身は、1回戦の戸畑高校戦《とばたこうこう》（福岡《ふくおか》）で完投勝利をあげた。むかえた夏も、駒澤大学附属苫小牧高校《こまざわだいがくふぞくとまこまいこうこう》は甲子園《こうしえん》に出場。2年連続の全国優勝《ゆうしょう》がかかった大会で、田中投手はまだ背番号《せばんごう》11をつけていた。それでも3回戦から先発でもリリーフでも投げて、「エース」とよべるだけの活躍《かつやく》。準々決勝、準決勝と勝ちあがって、決勝の京都外大西高校《きょうとがいだいにしこうこう》戦（京都《きょうと》）。田中投手はリリーフで登板して2点のリードを守りきり、駒澤大学附属苫小牧高校を2年連続優勝にみちびいた。さいごの一球のスピードが150キロも出たので、プロ野球の球団の人たちも注目した。

そして、その年の11月。全国各地区の秋季大会に優勝したチームが出場する明治神《めいじじん》宮野球大会《ぐうやきゅうたいかい》で、駒大苫小牧高校と早稲田実業学校《わせだじつぎょうがっこう》が対戦した。

じつはこのとき、田中投手と斎藤投手ははじめて投げ合っているのだが、まわりの人たちの目は田中投手ひとりに集中していた。甲子園の優勝投手で、150キロちかい速球を投げるだけでなく、スライダーの変化がスゴかったからだ。プロ野球で通算2000本安打以上を記録《きろく》した元選手《せんしゅ》も「バッターボックスに入ってこんなスライダーがきたらイヤですね。プロの選手でも打てませんよ」とおどろいていた。

駒澤大学附属苫小牧高校は明治神宮大会でも優勝した。

■3日間で合計445球

さて、秋季大会で優勝《ゆうしょう》した高校は、次の年、春の選抜《せんばつ》で甲子園《こうしえん》に出ることになる。とうぜん、早稲田実業学校《わせだじつぎょうがっこう》も駒澤大学附属苫小牧高校《こまざわだいがくふぞくとまこまいこうこう》も出場が決まった。ところが、3月、大会の前になって、たいへん残念なことがおきた。駒澤大学附属苫小牧高校を卒業《そつぎょう》した3年生の野球部員が、卒業式《そつぎょうしき》の後、居酒屋《いざかや》でお酒をのみ、タバコをすっていたことが問題になったのだ。

日本ではお酒もタバコも、二十歳《はたち》になるまで禁止《きんし》されている。優勝候補《ゆうしょうこうほ》といわれた駒澤大学附属苫小牧高校だったが、選抜大会への出場をとりやめることを決めた。責任《せきにん》をとって校長先生が辞職《じしょく》し、野球部の部長も香田監督《こうだかんとく》も辞任《じにん》した。

自分たちではなく、卒業した先輩《ぱい》たちがやってしまった失敗《しっぱい》。それだけに、田中投手をはじめ選手たちの苦しみ、つらさはどれほどだったろう。夏にむけてがまんするしかない、という気持ちだったのだろうか。

駒澤大学附属苫小牧高校のかわりに甲子園に出場したのは、北海道栄高校《ほっかいどうさかえ》という学校。1回戦で当たったのが、斎藤《さいとう》投手がエースの早稲田実業学校《わせだじつぎょうがっこう》だった。後からふりかえると、なんともふしぎに思えるけれど、斎藤投手《さいとうとうしゅ》はヒット4本しか打たれず、0点におさえて完封勝利《かんぷうしょうり》。その後の2回戦で、はじめにふれたとおり、延長《えんちょう》15回引き分け再試合《さいしあい》となる。

この試合、斎藤投手は9回裏に3点差をおいつかれて7対7。それでも10回からはゼロにおさえて、ひとりで15回、231球を投げた。再試合は3回から登板して103球、敗れた準々決勝の横浜高校《よこはまこうこう》（神奈川《かながわ》）戦では先発、リリーフで111球。かなりのスタミナだ。3日間つづけて合計445球も投げた後、斎藤投手はこういった。

「甲子園《こうしえん》がすべてとは思いませんが、野球だけじゃなく、成長できたと思います。夏にまたもどってきたい」

■さわやかで上品な「ハンカチ王子」

5月から香田監督《こうだかんとく》が野球部にもどり、駒澤大学附属苫小牧高校《こまざわだいがくふぞくとまこまいこうこう》は夏の甲子園3連覇《れんぱ》をめざして再出発した。背番号《せばんごう》1をつけて主将《しゅしょう》となった田中《たなか》投手がチームをひっぱり、2カ月後には南北海道大会《みなみほっかいどうたいかい》で優勝する。この大会、田中投手は4試合に投げて、わずか1点しかとられなかった。

甲子園《こうしえん》に帰ってきた田中投手《たなかとうしゅ》は、大会前、体の調子が悪かった。最初の試合ではマウンド上でのおたけびもないほどで、ちがう投手が投げているんじゃないか、と思う人もいた。しかし、試合で投げるごとに調子をあげていったのだ。

これは斎藤《さいとう》投手も同じ。2回戦で優勝候補《ゆうしょうこうほ》の大阪桐蔭高校《おおさかとういんこうこう》（大阪《おおさか》）と当たり、2点しかとられずに完投勝利。このとき大阪桐蔭高校には、今、日本ハムで4番を打っている中田翔選手《なかたしょうせんしゅ》がいた。2年生ながらホームランをたくさん打つ強打者だったが、斎藤投手は4打数ノーヒット、三振《さんしん》3つとおさえこんだ。そのピッチングでまわりから注目され、斎藤投手自身、どんどん調子をあげていった。

力投がつづくなか、斎藤投手がマウンド上で使う青いタオルハンカチにも注目が集まった。袖で汗をぬぐう選手が多いなか、斎藤投手はポケットに入れたタオルハンカチをとりだして汗をふいていたからだ。そのさわやかな表情と上品さから、「ハンカチ王子」というニックネームがつけられた。

■「歴史に残る試合がやれてうれしい」

8月20日、5万人の大観衆《だいかんしゅう》がつめかけた決勝戦。田中投手《たなかとうしゅ》は3回からリリーフで登板。対する斎藤《さいとう》投手は先発。2回戦からひとりでマウンドを守り、準決勝まで4試合連続で完投してきていた。

8回、駒澤大学附属苫小牧高校《こまざわだいがくふぞくとまこまいこうこう》がようやく本塁打《ほんるいだ》で1点をとったが、その裏《うら》、早稲田実業学校《わせだじつぎょうがっこう》はすぐ同点においついた。この後、両チームとも15回までゼロがつづいた。

試合時間は3時間37分。結果は引き分け再試合《さいしあい》。178球を投げ、16個の三振《さんしん》をうばった斎藤投手は、15回に147キロの速球を投げてまわりをおどろかせた。165球を投げた田中投手は、試合の後、斎藤投手を思いやるようにいった。

「歴史に残る試合がやれてうれしい。あしたもおたがいにいいピッチングができるようにがんばろうといいたい」。

斎藤投手も「今日で終わりだと思っていた高校野球がもう1試合できるのはうれしい」といって、つかれを感じさせない。どこか、よろこびを感じているようだった。

そして、再試合。斎藤投手が4日連続で先発のマウンドに上がると、1回裏に早稲《わせ》田実業学校《だじつぎょうがっこう》が1点を先制。駒澤大学附属苫小牧高校《こまざわだいがくふぞくとまこまいこうこう》は2年生の菊地翔太投手《きくちしょうたとうしゅ》が先発したが打たれ、すぐに田中《たなか》投手に交代《こうたい》した。しかし、つかれが残っていた田中投手はボールに力がなく、2回にも1点をとられてしまう。

駒大苫小牧高校は6回、三谷忠央《みつたにただお》選手の本塁打《ほんるいだ》で1点を返すが、その裏《うら》、早稲田実《わせだじつ》業学校《ぎょうがっこう》はすぐ1点。7回にも1点をくわえて4対1とリードした。斎藤《さいとう》投手がまだつかれを感じさせない投球をつづけているので、3点の差は大きいと感じられた。

9回表。それでも駒大苫小牧高校は、先頭の三木悠也《みきゆうや》選手がヒットで出た後、中澤《なかざわ》竜也《たつや》選手が2ランホームランを打って1点差。しかし斎藤投手はあわてることなく、つづく打者ふたりを打ちとってツーアウト。むかえたのは田中投手だった。バッティングもいい選手なので、ホームランで同点になってもおかしくない。

打ち気まんまんの田中選手は1球目からファウルの後、空振り、ファウル。4球目、ストレートはボールだったがスピードは147キロで、テレビのアナウンサーはおどろきの声をあげた。その後、またもファウル、ファウルで7球目。144キロのストレートに田中選手のバットが空を切り、空振り三振《さんしん》。斎藤投手は両手をひろげて、おたけびを上げた。早稲田実業学校がはじめて夏の甲子園《こうしえん》で優勝《ゆうしょう》を決めた。

ベンチにもどろうとする、田中投手《たなかとうしゅ》は笑顔《えがお》だった。試合後にいった。

「やりきった気持ちが強い。見のがしではなく、自分のスイングができた。悔《く》いは残りません」

2日間で296球を投げ、涙《なみだ》をハンカチでぬぐった斎藤《さいとう》投手はいった。

「田中君は自分たちの世代でもっともいいピッチャー。それに負けないように精いっぱい、ねばりました」。

■ライバルかんけいにおわりはない

夏の甲子園《こうしえん》がおわった後、ふたりのエースは、日米親善高校野球大会《にちべいしんぜんこうこうやきゅうたいかい》の日本選抜《にほんせんばつ》チームでいっしょになった。そのとき、おたがいに「佑《ゆう》ちゃん」「マー君」とよびあっていることが知れわたった。今でも田中投手が「マー君」とよばれるのは、斎藤投手がはじまりだったのだ。

卒業後《そつぎょうご》、斎藤投手は早稲田大学《わせだだいがく》に進学した。東京六大学《とうきょうろくだいがく》のリーグ戦で1年生から活《かつ》躍《やく》して、4年間で31勝15敗、防御率《ぼうぎょりつ》1・77、323奪三振《だっさんしん》とすばらしい成績《せいせき》を残した。

駒大苫小牧高校《こまだいとまこまいこうこう》・田中将大《たなかまさひろ》投手。

4年生のときには主将《しゅしょう》をつとめ、リーグ戦優勝《ゆうしょう》、大学日本一にもかがやいた。

いっぽう、田中投手《たなかとうしゅ》は、高校生ドラフト1位で東北楽天《とうほくらくてん》ゴールデンイーグルスに入団《にゅうだん》。1年目に新人王にかがやき、先発投手としてじゅうぶんなはたらきをつづけた。

2011（平成23）年、斎藤《さいとう》投手がドラフト1位で日本《にっぽん》ハムに入団《にゅうだん》すると、ファンは田中投手との再対決を期待した。

最初に実現したのは、その年の9月10日、Kスタ《ケー》宮城《みやぎ》での試合。田中投手が1失点で完投勝ちしたのに対し、斎藤投手は8回5失点で負け投手になった。さらに次の年の4月、7月にも投げ合ったが、どちらも田中投手《たなかとうしゅ》が勝った。

2013（平成25）年は斎藤《さいとう》投手が右肩《みぎかた》を痛めて、1試合しか登板できなかった。そのため投げ合いはなかったし、24勝0敗の田中投手は楽天《らくてん》で初の優勝、日本一にもなって、メジャーリーガーになった。なかなか調子がよくならない斎藤投手は、だいぶ差をつけられてしまったかもしれない。

ヤンキースの田中投手は、これからメジャーでも一流の投手をめざしていく。その差をちぢめるのはたいへんだけれど、ライバルという関係におわりはないはずだ。日本《にっぽん》ハムの斎藤投手のがんばりを期待しよう。

早稲田実業学校《わせだじつぎょうがっこう》・斎藤佑樹《さいとうゆうき》投手。

伝説の延《えん》長《ちょう》17回　横《よこ》浜《はま》高《こう》校《こう》vs.P《ピー》L《エル》学《がく》園《えん》

■プロローグ

1980（昭和55）年の夏、日本全国で「大《だい》ちゃんフィーバー」が巻《ま》き起《お》こった。早稲田実業学校《わせだじつぎょうがっこう》の1年生エース、荒木大輔投手《あらきだいすけとうしゅ》が甲子園《こうしえん》で決勝に進出。さわやかな外見も手伝って、女性からも大きな注目を集めて人気者になった。

その約1カ月後の9月13日に生まれた男の子は、荒木大輔投手のように甲子園《こうしえん》で活躍《かつやく》できるようにという家族の願いから「大輔」と命名された。その男の子こそ、後にメジャーリーグでも活躍することになる松坂大輔《まつざかだいすけ》投手である。

日米のプロ野球はもちろん、WBC《ダブリュビーシー》（ワールド・ベースボール・クラシック）で2大会連続のMVP《エムブイピー》に選ばれ、日本代表の二連覇《にれんぱ》にも大きく貢献《こうけん》した松坂投手。彼がプロ入り前、一躍《いちやく》スターになった舞台《ぶたい》も荒木投手と同じ甲子園球場だった。

1998（平成10）年、横浜高校（神奈川《かながわ》）のエースとして甲子園のマウンドに登った松坂投手《まつざかとうしゅ》は、春のセンバツ・夏の甲子園《こうしえん》でどちらも優勝《ゆうしょう》して、史上《しじょう》5校目の春夏連覇《れんぱ》を達成した。しかも、夏の甲子園の決勝戦ではノーヒットノーランを達成するなど、数々の偉業《いぎょう》をなしとげた。ついたニックネームは「怪物《かいぶつ》」だった。

しかし、優勝を決めた決勝戦以上に、松坂投手を語るうえではずせない試合がある。98年夏の甲子園大会準々決勝、PL学園高校《ピーエルがくえんこうこう》（大阪《おおさか》）との延長《えんちょう》17回の死闘《しとう》だ。

横浜高校とPL学園高校は、その年の春のセンバツ準決勝でも対戦し、そのときは3対2で横浜高校がかろうじて勝利した。そして夏。PL学園高校にとっては春の雪《せつ》辱《じょく》をはらす絶好の機会であり、横浜高校にとっても連覇のために負けられない一戦だった。両校とも優勝候補《ゆうしょうこうほ》にあげられ、事実上の決勝戦ともいわれたこの試合は、バッテリーと相手チームのかけひき、ミスからの失点、2死からの得点、ベンチワークの重要性など、野球のむずかしさとおもしろさ、すばらしさがすべてつまった一戦だった。

■序盤《じょばん》：PL《ピーエル》打線の猛攻《もうこう》

「いけいけ！」、「ねらえねらえ！」

試合序盤《じょばん》の流れを左右したのは、怪物《かいぶつ》・松坂投手《まつざかとうしゅ》でもPL《ピーエル》打線でもなく、PL学園《ピーエルがくえん》高校《こうこう》の三塁《るい》ベースコーチ、平石洋介主将《ひらいしようすけしゅしょう》の「声」だった。

2回裏、PL学園高校は先頭打者がヒットで出塁し、エラーと送りバントで1死二、三塁というチャンスを作る。ここで8番打者が犠牲《ぎせい》フライ、9番打者がタイムリーヒットを放ち、PL学園高校がいきなり3点のリードをうばった。

松坂投手は、高校生ながら150キロの快速球を投げ、さらには高速スライダー、カーブ、フォーク、チェンジアップをあやつる「超高校級投手」。打たれることはあっても「連打」されることはめったになく、まして下位打線に打ちこまれることは、たとえ強豪校相手でもあり得ないことだった。松坂投手、そして小山良男捕手《こやまよしおほしゅ》の横浜《よこはま》バッテリーは、すぐに「投げる球種《きゅうしゅ》がバレている」と感じた。

たしかに、PL打線が松坂投手の球を打つことができたのは、小山捕手のクセから次に何を投げるかがわかったからだ。松坂投手の変化球を捕るときに小山捕手の姿勢《しせい》が少しだけ変わることを、PL学園高校の三塁ベースコーチ・平石主将は見のがさなかった。ストレートの時は「いけいけ!」と、変化球の時は「ねらえねらえ!」大きな声を出して打者に伝えていたのだ。PL学園高校のするどい観察力《かんさつりょく》があったからこそ実現できた作戦だった（※現在は打者に声やしぐさで投手が何を投げるかを伝えることは禁止《きんし》されている）。

ただし、横浜《よこはま》バッテリーもすぐにこの「声の指示」に気づき、3回裏からは変化球もストレートも同じ姿勢《しせい》で捕球《ほきゅう》するように心がけた。問題点に気づき、すぐに修正《しゅうせい》できる小山捕手《こやまほしゅ》の力もまた、高校生のレベルを大きく超えていた。

■中盤《ちゅうばん》：横浜の逆襲《ぎゃくしゅう》

「自分のせいで点を取られた。松坂が打たれた」

横浜高校の主将《しゅしょう》でもあった小山捕手は、自分の構えのクセを見ぬかれて、失点のキッカケを作ってしまったことを悔《く》やんでいた。そんな小山選手に汚名返上《おめいへんじょう》のチャンスがやってくる。3点を追いかける横浜高校4回表の攻撃《こうげき》。先頭打者が二塁打《るいだ》で出塁し、打順は横浜高校の強力クリーンナップへ。3番打者の後藤武敏《ごとうたけとし》選手、続く4番の松坂《まつざか》選手は凡退《ぼんたい》したものの、得点圏《とくてんけん》に走者を置いたまま、5番打者の小山選手に打席がまわってきたのだ。

この場面で、小山選手《こやませんしゅ》は内角球を強く振ると打球はレフトスタンドに飛びこむツーランホームランとなり、1点差にちぢめた。小山選手だけでなく、横浜高校《よこはまこうこう》ナインにとっても試合序盤《じょばん》で松坂投手が3点も取られたことは記憶《きおく》になく、平常心を失いかけた選手が多かった。それだけに、主将《しゅしょう》の一振りでチームのムードは大きく変わった。

PL学園高校《ピーエルがくえんこうこう》もすかさずその裏《うら》、まだ本調子ではない松坂《まつざか》投手からタイムリーヒットで1点を挙げ、リードを2点に広げる。ところが5回表の横浜高校は7、8、9番の下位打線が三連打で2点をあげ、一気に4対4の同点に追いついた。どこからでも点が取れるのが横浜高校の強みだった。

■終盤《しゅうばん》：くやまれるPLのミス

「いよいよ出てきたな」

7回表、PL学園高校のマウンドに登った「背番号1」を見て、松坂投手はそう思った。先発した稲田学《いなだまなぶ》投手に代わってPL学園高校のエース・上重聡《かみしげさとし》投手が満《まん》を持《じ》して登板したのだ。

上重投手《かみしげとうしゅ》は、PL学園高校《ピーエルがくえんこうこう》ではあの桑田真澄《くわたますみ》投手以来の1年投手として、1年夏から甲子園《こうしえん》のベンチ入りをした逸材《いつざい》だ。センバツの横浜高校《よこはまこうこう》戦ではリードした場面で登板したが、逆転負けしてしまった。それだけに「絶対に横浜打線をおさえる」という強い決意をもってマウンドに登っていた。また、センバツの試合がキッカケとなって、松坂投手と上重投手は親友にもなっていた。それだけに、「アイツにだけは負けられない」というライバル心をおたがいに抱《いだ》いていた。

代わった上重投手は、期待通りの投球を見せ、横浜打線をいきなり三者凡退《さんしゃぼんたい》におさえる。これでいいリズムが生まれたのか、PL学園高校はその裏の攻撃《こうげき》で四球とヒットを重ねて5対4と勝ち越した。

試合終盤《しゅうばん》で追いつめられた横浜高校。1点を追いかける8回表の攻撃も、一塁に走者を出したものの、3番・後藤選手《ごとうせんしゅ》、4番・松坂《まつざか》選手がそろって凡退《ぼんたい》し、2死一塁《るい》になってしまう。しかし、ここでPL学園高校に予想もしなかったミスが生まれてしまう。ベンチからの「ライト、守備位置《しゅびいち》を深く」の指示があやまって「ファースト、守《しゅ》備位置《びいち》を深く」と伝わってしまい、走者がいるにもかかわらずファーストが一塁《るい》ベースをはなれてしまったのだ。横浜高校《よこはまこうこう》はこのすきを逃さず、大きくリードをとって盗《とう》塁《るい》に成功《せいこう》。５番の主将《しゅしょう》・小山選手《こやませんしゅ》のタイムリーヒットで再び５対５の同点に追いついたのだ。

　このあとさらに、ＰＬ学園高校《ピーエルがくえんこうこう》にとっては悪いことが重なってしまう。外野からの送球が守備の要《かなめ》、石橋勇一郎捕手《いしばしゆういちろうほしゅ》の顔面にあたってしまい、負傷退場《ふしょうたいじょう》。急きょ、公式戦で１度も出場経験のない２年生・田中雅彦《たなかまさひこ》捕手がマスクをかぶることになった。

　守りの要の負傷退場で意気消沈《いきしょうちん》しかけたＰＬナイン。しかし、代わった田中雅捕手は「自分が不安がっていたらムードが悪くなる。いつもより余計に明るくしよう」と、小さな体からスタンドにまで届くような大きな声を張り上げた。この田中雅捕手の「元気」がＰＬナインにも伝わり、２死二塁のピンチをしのいで横浜高校の追撃《ついげき》を振り切った。

　そして９回。両チームとも得点はうばえず、試合は延長戦《えんちょうせん》へと突入する。この日の第一試合ということもあって試合開始直後には４万人ほどだった観客《かんきゃく》は、いつのまにか超満員《ちょうまんいん》にふくれあがっていた。

PL《ピーエル》学園高校《がくえんこうこう》の「背番号1」、上重聡《かみしげさとし》投手。

■延長序盤《えんちょうじょばん》：リードする横浜《よこはま》、ねばるPL《ピーエル》

「交代すればすぐにPLに決着をつけられてしまう。PLはほかのチームとちがう。自分にしかおさえられない」

松坂投手《まつざかとうしゅ》はそう考え、延長戦のマウンドにも立ち続けた。投球数は9回終了時点で139球。前日の試合でも先発完投して148球を投げていたが、むしろ球数がふえるごとに調子が上向いているように感じていた。

対するPL学園高校も、「松坂、ずっと投げてくれ」と念じていた。松坂投手に打ち勝ってこそ、はじめて横浜高校に勝ったといえるからだ。

延長戦は横浜高校ペースで試合が進んだ。11回表、横浜高校の攻撃《こうげき》。この回先頭の4番・松坂選手がヒットで出塁《しゅつるい》する。バントで二塁に送った後、途中出場《とちゅうしゅつじょう》の柴武志選《しばたけしせん》手《しゅ》のセンター前ヒットで、松坂選手は二塁から激走する。それを見たPL学園高校・センターの大西宏明《おおにしひろあき》選手は「いままで投げたことがない」というほどのレーザービームでバックホームした。しかし、PL学園高校の田中雅彦《たなかまさひこ》捕手はこのボールを落球してしまい、松坂選手がホームイン。6対5。横浜高校はこの試合、初めてリードをうばうことに成功《せいこう》した。

もちろん、PL学園高校《ピーエルがくえんこうこう》もあきらめない。11回裏、先ほどすばらしいレーザービームでバックホームをした大西《おおにし》選手が今度はバットで活躍《かつやく》する。ヒットで出塁《しゅつるい》した走者を二塁に置き、三遊間《さんゆうかん》をやぶるタイムリーヒット！　すかさず6対6の同点に追いつくことに成功した。

■延長終盤《えんちょうしゅうばん》：怪物《かいぶつ》・松坂《まつざか》の躍動《やくどう》

「申しわけない」

松坂投手は心の中でチームメイトにあやまっていた。延長戦《えんちょうせん》で同点に追いつかれたのは初めての体験だった。それほど、PL学園高校の「勝ちたい」という執念《しゅうねん》はすさまじかった。

しかし、ここから松坂投手の独《ひと》り舞台《ぶたい》が始まる。12回から15回、PL打線を1人の走者もゆるさず、4イニング連続で三者凡退《さんしゃぼんたい》におさえたのだ。気温があがり、球数が増えるほどボールの勢いは増していった。

松坂投手《まつざかとうしゅ》の力投で流れを呼びこんだ横浜高校《よこはまこうこう》は、16回表、1死満塁《まんるい》というビッグチャンスをむかえ、ショートゴロの間に三塁《るい》走者が生還《せいかん》し、7対6と再びリードをうばう。

しかし、なおもねばるＰＬ学園高校《ピーエルがくえんこうこう》はその裏《うら》、先頭の1番・田中一徳《たなかかずのり》選手《せんしゅ》がこの試合4本目のヒットで出塁。送りバントと相手エラーで三塁にまで走者を進め、つづく本橋伸一郎《もとはししんいちろう》選手の打球はショートゴロに。ところが横浜高校《よこはまこうこう》のファースト・後藤《ごとう》選手と打者走者の本橋選手が一塁で交錯《こうさく》し、体勢《たいせい》をくずしながらのバックホームが暴投《ぼうとう》になってしまう。この間に三塁走者がホームイン。ＰＬ学園高校は驚異的《きょういてき》なねばりで、ふたたび試合を振りだしにもどした。

そして、試合は延長《えんちょう》17回へ。横浜高校は2死後、相手のエラーで出塁し、つづく常盤良太《ときわりょうた》選手が放った打球は右中間に飛びこむ貴重《きちょう》な2点本塁打《ほんるいだ》となった。ここまでふんばってきたＰＬ学園・上重《かみしげ》投手も、ついにマウンドでガックリうなだれてしまう。

その裏《うら》、さすがのＰＬ学園高校にも反撃《はんげき》の力はなく三者凡退《さんしゃぼんたい》に終わり、3時間37分にわたる熱戦《ねっせん》が幕《まく》を閉じた。最後のボールは、松坂投手にとってこの試合２５０球目の投球だった。

マウンドで躍動《やくどう》する横浜高校《よこはまこうこう》の松坂大輔《まつざかだいすけ》投手。

■エピローグ

この試合17イニングをひとりで250球を投げぬいた松坂投手《まつざかとうしゅ》。この大熱投《だいねっとう》が、翌《よく》日《じつ》の準決勝の大逆転劇《だいぎゃくてんげき》、そして決勝戦のノーヒットノーランにつながったことはまちがいない。この偉業《いぎょう》の一方で、過去にもあったことだが「投手があまり多くの球を投げすぎるのは体をこわしてしまう危険性《きけんせい》があるので問題だ」という意見がたくさん出てきた。また「延長《えんちょう》18回制は長《なが》すぎる」という意見も続出し、2年後の2000（平成12）年の大会から、延長18回制は15回制に短縮《たんしゅく》されることになった。

球史に残る死闘《しとう》を演じた横浜高校《よこはまこうこう》、PL学園高校《ピーエルがくえんこうこう》の両チームからはその後、松坂選手もふくめて8人のプロ野球選手を輩出《はいしゅつ》した。

〈横浜高校〉

◎後藤武敏選手《ごとうたけとしせんしゅ》……大学を経て2003（平成15）年に西武《せいぶ》ライオンズに入団。現在、横浜DeNA《ディーエヌエー》ベイスターズに所属。

◎小池正晃《こいけまさあき》選手……1999（平成11）年に横浜《よこはま》ベイスターズに入団。中日《ちゅうにち》を経て、昨年DeNA《ディーエヌエー》で現役引退《いんたい》。現役最後の試合で2本の本塁打《ほんるいだ》を放《はな》ち、惜しまれながら引退した。現在、DeNA一軍打撃コーチ。

◎小山良男《こやまよしお》選手……大学、社会人を経て2005（平成17）年、中日ドラゴンズに入団。2008（平成20）年、現役引退。2009（平成21）年、松坂投手が2大会連続MVP《エムブイピー》に選出された第2回WBC《ダブリュービーシー》日本代表にブルペン捕手《ほしゅ》として参加した。現在、中日ドラゴンズブルペン捕手。

〈PL学園高校〉

◎田中一徳《たなかかずのり》選手……2000（平成12）年、横浜《よこはま》ベイスターズに入団。2006（平成18）年に戦力外通告を受け、アメリカ独立リーグに挑戦したのち、現役引退。現在、野球教室で指導している。

◎田中雅彦《たなかまさひこ》選手……大学を経て2004（平成16）年、千葉《ちば》ロッテマリーンズに入団。現在、東京ヤクルトスワローズに所属《しょぞく》。

◎大西宏明《おおにしひろあき》選手……大学を経て2003（平成15）年、大阪近鉄《おおさかきんてつ》バファローズに入団。横浜《よこはま》ベイスターズや福岡《ふくおか》ソフトバンクホークスを経て、2011（平成23）年現役引退。現在、飲食店オーナー。
◎平石洋介《ひらいしようすけ》選手……大学、社会人を経て２００５（平成17）年に東北楽天《とうほくらくてん》ゴールデンイーグルスに入団。２０１１（平成23）年現役引退。現在、東北楽天《とうほくらくてん》ゴールデンイーグルス打撃コーチ。（以上、２０１４年時点）

松坂投手と壮絶な投げあいを演じた上重聡投手《かみしげさとしとうしゅ》は立教大学《りっきょうだいがく》に進学し、東京六大学リーグでもエースとして活躍《かつやく》。２０００（平成12）年には東京六大学史上２人目の完全試合を達成。プロからも声がかかったがプロ入りせず、日本テレビにアナウンサーとして入社。スポーツを「伝える」立場に転身している。

そして松坂大輔《まつざかだいすけ》投手は、１９９８（平成10）年のドラフトで３球団から競合指名を受け、交渉権《こうしょうけん》を獲得《かくとく》した西武《せいぶ》ライオンズに入団。１年目から最多勝《さいたしょう》を獲得《かくとく》し、新人王も受賞。入団から３年連続で最多勝を獲得《かくとく》し、日本球界のエースとしての地位を確立した。２００６（平成18）年、２００９（平成21）年のＷＢＣ《ダブリュービーシー》では２大会連続でＭＶＰ《エムブイピー》を獲得し、日本代表の世界一に貢献《こうけん》。２００７（平成19）年からは活躍《かつやく》の舞台《ぶたい》をＭＬＢ《エムエルビー》に移し、現在はニューヨーク・メッツに所属《しょぞく》している。

5打席連続敬遠《けいえん》が、松井秀喜《まついひでき》という大打者をつくりあげた！

■ホームランをたくさん打つ怪物《かいぶつ》

巨人《きょじん》やヤンキースで活躍《かつやく》した大打者、松井秀喜選手は、石川県《いしかわけん》にある星稜高校《せいりょうこうこう》からプロ野球の世界に入った。

星稜高校はこれまで春に11回、夏に16回、甲子園《こうしえん》に出場。1995（平成7）年の夏には準優勝《じゅんゆうしょう》もしている名門校だ。松井選手のほかにも、プロ野球選手が何人も誕生《たんじょう》している。

松井選手自身は、1年生のときから背番号3を付けてファーストを守り、4番打者として甲子園に出場。2年生、3年生のときと合わせて全部で4回も出場していて、いつも、ホームランをたくさん打てる怪物選手として注目されていた。

日本のプロ野球では、巨人での10年間で通算332本塁打《ほんるいだ》。メジャーリーグでは、ヤンキースをはじめ4球団で10年間プレーして通算175本塁打。合わせて507本ものホームランをかっとばした、その力とワザの素《もと》が高校時代につくられていた、といってもいいだろう。

じっさい、高校時代には、3年間で通算60本ものホームランを打った松井選手《まついせんしゅ》。とうぜん、甲子園《こうしえん》でも数多く打っている、といいたいところだが、4度の出場で合計4本だから、あまり多いとはいえない。

これまで、甲子園の大会で一番多くホームランを打ったのは、PL学園高校《ピーエルがくえんこうこう》（大阪《おおさか》）の清原和博《きよはらかずひろ》選手（元西武《せいぶ》ほか）。1983（昭和58）年の夏から5度の出場で打った合計13本とくらべると、ちょっと少ないような気もしてしまう。

でも、甲子園での松井選手は、清原選手と同じぐらい注目され、最後《さいご》の夏には清原選手よりも相手をこわがらせた。その理由を知る前に、松井選手がどのようにして高校球児《こうきゅうじ》になっていったのかを知っておこう。

■はじめは左打ちではなかった

松井選手は、1974（昭和49）年、石川県《いしかわけん》で生まれた。あそびのなかで野球をはじめたのは小学1年生のときで、いつも4歳《さい》上の兄・利喜《としき》さんといっしょだった。

　1年生なのに体が大きくて、でかいホームランをたくさん打つ弟、秀喜《ひでき》少年。お兄さんたちとしては、おもしろくない。そこで悪だくみをして、右投げ右打ちの弟に「たまには左で打ってみたら？　左打ちのほうがかっこいいから」とそそのかした。

　秀喜少年はいわれたとおりに左打ちに変えたが、まったくバットにボールが当たらない。それでも左打ちをやめず、くやしいのでたくさんバットをふった。すると次第《しだい》に当たりだして、もっと打球を飛ばせるようになったというのだ。ということは、松井選手が右打ちのままだったら大打者になっていたか、と考えてしまう。

　それに、秀喜少年は9歳までピアノを習っていて、野球だけにのめりこんでいたわけではなく、小学4年生からは柔道《じゅうどう》にも打ちこんでいる。そのころ、身長が１６０センチで体重は60キロちかくもあったそうだけど、10歳で中学生のような体格だ。5年生になると地元の柔道の大会で優勝《ゆうしょう》し、石川県《いしかわけん》大会でも個人戦《こじんせん》で3位になるほど優《ゆう》秀《しゅう》だった。そのまま野球からはなれていってもおかしくなかった。

　でも、秀喜少年は野球のおもしろさがわすれられず、5年生から少年野球チームに入った。進学する予定の中学校に柔道部がなかったことも理由のひとつだった。肩《かた》が強かったので、6年生が多いチームのなかですぐにライトのレギュラーになれた。

■新品のボールがわれる打撃力《だげきりょく》

地元の根《ね》上《あがり》中学校に入学したとき、松《まつ》井《い》選手《せんしゅ》は身長170センチで、体重はなんと95キロ！　お相撲《すもう》さんのように太っていて、じっさいに相撲の選手としても優秀《ゆうしゅう》だった。しかし軟式《なんしき》野球部に入って、野球選手としてさらに上をめざすには、太ったままではむずかしい。

きびしいコーチの指導《しどう》のもとで、猛特訓《もうとっくん》がはじまった。野球部に入ったのにボールにはまったくさわらせてもらえず、陸上部のように走ることが中心の練習。一日に10キロから20キロも走りこむ日々が3カ月もつづいた。

松井選手は、弱音をはかずに猛特訓に取り組んだ。家に帰ってきても、両親に「野球の練習は楽しい」と話していたそうだ。おかげで野球にふさわしい体格《たいかく》に変わり、投げること、打つことにとって大事な、強い足腰《あしこし》ができあがった。

肩《かた》の強さを生かせるということで、1年生の秋からレギュラーになったときのポジションは捕手《ほしゅ》。盗塁《とうるい》をしかけてきた走者をどんどん刺《さ》していった。2年生のときに中部日本大会で準優勝《じゅんゆうしょう》すると、「根《ね》上《あがり》中の松井《まつい》」が東京でも知られはじめた。

3年生になると、捕手から投手《とうしゅ》になって背番号1を付け、エースで4番、キャプテンになった。特にバッティングでは、「松井が打つと新品の軟式《なんしき》ボールが次々にわれてしまう」という新しい伝説が野球部に生まれたほど。じっさいには古いボールがわれたようだが、それでも、打ったらボールがわれるなんてスゴイことだ。

1990（平成2）年、根上中学校野球部のコーチのすすめもあって、松井選手は星稜高校《せいりょうこうこう》に進学。野球部の山下智茂監督《やましたともしげかんとく》は、その「打球を飛ばす力」を見て、すぐに4番・ファーストで試合に出すことを決めた。

なにしろ、松井選手の打球は、星稜グラウンドのライトフェンスをらくらく飛びこえて、ホームから130メートルほどのところにある家の屋根に落ちたという。じっはその家は山下監督の自宅《じたく》で、松井の打球のせいで窓ガラスが5度も割れ、屋根のかわらはボロボロになってしまったそうだ。

■秋の北信越《ほくしんえつ》大会に負けて猛練習《もうれんしゅう》

1年生で4番・ファースト、背番号3といえば、1983（昭和58）年に登場したPL学園高校《ピーエルがくえんこうこう》の清原選手《きよはらせんしゅ》が有名だ。そこで夏の甲子園《こうしえん》に出場したときの松井《まつい》選手は、新聞や野球雑誌で「清原2世」と書かれてさわがれた。身長185センチの体重90キロと、がっしりした体格《たいかく》も清原選手ににていた。

しかし、はじめての甲子園で緊張《きんちょう》してしまった松井選手。最初《さいしょ》の試合、2回戦の日《に》本大学鶴ヶ丘高校《ほんだいがくつるがおかこうこう》（西東京《にしとうきょう》）戦ではいつもの調子を出せず、第一打席でフォアボールを選んだ後は3打数ノーヒットだった。チームも負けてしまった。試合後に松井選手は「甲子園はこわいところです」と話している。

秋の北信越大会では、準決勝で松商学園高校《まつしょうがくえんこうこう》（長野《ながの》）に敗《やぶ》れた星稜高校《せいりょうこうこう》。これで次の年、春のセンバツ出場はなくなり、松井選手はそこから練習の鬼《おに》になった。野球部の練習だけでなく、自宅の倉庫を改造した練習場でもバットを振りつづけ、このままでは体をこわしてしまうかもしれないとお母さんが心配するほどだった。

もともと持っている素質《そしつ》にくわえ、こうした、すさまじい練習をつみかさねたことが、大打者・松井秀喜《まついひでき》の素《もと》になったのだ。

猛練習《もうれんしゅう》のおかげか、星稜高校《せいりょうこうこう》は次の年も夏の甲子園《こうしえん》に出場。まずは2回戦、市立沼津高校《いちりつぬまづこうこう》（静岡《しずおか》）戦は4対3で勝った。この大会からポジションがファーストからサードに変わった松井選手自身は打撃《だげき》にくわえ、足の速さも光った。この試合でも、松井選手の二塁《るい》、三塁への盗塁の後に4点目が入ったのだった。

つづく3回戦の竜ヶ崎第一高校《りゅうがさきだいいちこうこう》（茨城《いばらき》）戦。8回、2対1と星稜高校がリードしてむかえた無死二塁の場面。相手の藁科《わらしな》投手のストレートがアウトコース高めにきて、松井選手が思い切りたたくと、打球は右中間のスタンドに飛び込んだ。ついに、甲子園で初めてのホームランが生まれたのだ。

「完ぺきに振り切れました。最高の感触《かんしょく》です。1本出てホッとしました。去年はさわがれただけで、松井はやっぱりたいしたことがない、といわれたくなかったんです」

試合後のインタビューで松井選手はそう答えた。4対3で勝った星稜高校は次の準々決勝も勝ち、15年ぶりに準決勝に進出した。

■「怪獣《かいじゅう》」をきっかけに「ゴジラ」誕生《たんじょう》

星稜高校《せいりょうこうこう》は夏の甲子園《こうしえん》の後、秋の北信越大会《ほくしんえつたいかい》、明治神宮大会《めいじじんぐうたいかい》に優勝。春のセンバツ出場を決める試合のなかで、キャプテンになった松井選手《まついせんしゅ》はバックスクリーンのスコアボードにライナーでぶつかる超《ちょう》特大ホームランを打ったり、バットの根元ちかくで当たってもセンターの頭をこえるホームランを打ったりして、見る人をおどろかせた。

いつのまにか、松井選手は「怪物《かいぶつ》」と呼ばれるようになっていた。また、2年生の秋、高校オールジャパンでチームメイトになった選手からは「怪獣《かいじゅう》」というあだ名をつけられた。松井選手の顔、体格《たいかく》、パワーなどなど、いろいろなものがそんなイメージにつながったのだろう。「怪獣」がきっかけになって、1992（平成4）年の春のセンバツの前、あるスポーツ新聞の女性記者が松井選手に「ゴジラ」というニックネームをつけて記事を書いた。『ゴジラ』は日本で一番有名な怪獣映画に登場する怪獣の名前だ。

さて、松井選手にとって3度目の甲子園となるセンバツ。このとき、甲子園球場の「ラッキーゾーン」がとりはずされていた。これはその昔、広い甲子園でもホームランが出やすくなるよう、外野フェンスの手前につくられた「ゾーン」だ。つまり、スタンドまでとどかなくても「ラッキーゾーン」に入ればホームランになっていた。

それがなくなると、プロ野球選手にくらべればパワーがない高校球児《こうこうきゅうじ》にとって、「ラッキー」な1本がなくなる。広くなった甲子園《こうしえん》で、正真正銘《しょうしんしょうめい》のホームランがどれぐらい出るか、ということで松井選手《まついせんしゅ》のパワーがより注目されていた。

そんななかで1回戦の宮古高校《みやここうこう》（岩手《いわて》）戦に登場した松井選手。3回に3ラン、5回にも3ランと、広くなった甲子園《こうしえん》でいきなり2本もホームランを打ったものだから、「星稜《せいりょう》の松井」はいっきに日本全国に知れわたった。1本目、低い打球がスタンドに入るのを目で追った宮古高校のセンターは、「ボールが線に見えた。こんなのはじめて」といった。打球が速いことが、ゴジラ松井のホームランの特徴《とくちょう》だった。

9対3で試合にも勝ったが、松井選手はただよろこんでいるわけではなかった。試合後には「打撃では実力以上のものが出てみんなを引っぱれた。でも、守りはまだまだ反省《はんせい》ばかり」と、キャプテンらしい話をしている。

2回戦の堀越高校《ほりこしこうこう》（東京《とうきょう》）戦。「好投手」といわれていた堀越高校の山本幸正投手《やまもとゆきまさとうしゅ》に対し、星稜打線は5回までノーヒット。星稜高校の山口哲治《やまぐちてつじ》投手も好投していたな

星稜高校《せいりょうこうこう》の4番を打つ松井選手《まついせんしゅ》。体格《たいかく》、パワーなどどれをとっても「超高校級」だった。

か、打線はようやく点をとって1対0となったが、まだ試合はどうなるかわからない。

そんななかでむかえた8回。3番の山口選手《やまぐちせんしゅ》がタイムリー二塁打《るいだ》を打って2対0。その後、4番の松井選手はカウント2ボール2ストライクからひざ元にきたカーブをうまくとらえた。打球はライトスタンドに飛びこむ2ランホームラン。一塁を回ったところで松井選手《まついせんしゅ》はジャンプして、両手をつき上げるガッツポーズを見せた。4対0で星稜高校《せいりょうこうこう》が勝った。

大会3本のホームランは、清原《きよはら》選手らにならぶ最高記録《さいこうきろく》だった。それを「ラッキーゾーン」のない甲子園《こうしえん》で打ったのだからなおさら価値《かち》がある。試合後に「なんでそんなに打てるの?」と記者に聞かれた松井選手は、「甲子園《こうしえん》のふしぎな力じゃないですか? 実力以上の力がでてます」といって、笑《わら》った。

■敬遠《けいえん》、敬遠、また敬遠

けっきょく、1992(平成4)年の春のセンバツでの星稜高校は、準々決勝で天理高校《てんりこうこう》(奈良《なら》)に1対5で敗《やぶ》れた。松井選手にホームランはなく、しかも自分自身のエラーが負けにつながってしまった。それだけに「最後の夏」にかける思いは強かっただろう。

春につづいて、3年連続で夏の甲子園《こうしえん》にやってきた星稜高校《せいりょうこうこう》。チームはまわりから「優勝候補《ゆうしょうこうほ》」といわれ、全国の野球ファンの目が松井選手《まついせんしゅ》の打撃《だげき》に集まるなか、1回戦の長岡向陵高校《ながおかこうりょうこうこう》（新潟《にいがた》）には11対0と大勝した。2回戦の相手は、これが最初《さいしょ》の試合となる明徳義塾高校《めいとくぎじゅくこうこう》（高知《こうち》）に決まった。

大会7日目、8月16日の午後1時すぎ。かなりのむし暑さのなかで、第三試合の星稜高校対明徳義塾高校の一戦がはじまった。1回戦では松井選手のホームランがなかったので、甲子園のスタンドをうめつくした5万5000人の観客《かんきゃく》のほとんどが、その1本を楽しみにしていたはずだ。

1回、星稜高校が2死三塁《るい》のチャンスをつくって、打席に4番の松井選手。相手の河野和洋投手《こうのかずひろとうしゅ》は、1球もストライクを投げない。敬遠《けいえん》と思える投球だった。

敬遠のフォアボールは、プロ野球の試合では、よく見ることがあるだろう。クリーンアップを打つ選手や、とても調子のいい打者がピンチで打席に立ったとき、捕手《ほしゅ》が立ちあがって、バットのとどかないところに投げさせる。そのうえで、次の打者で打ちとろうとする作戦だ。記録上はただの四球ではなく、わざと出したフォアボールという意味の「故意四球《こいしきゅう》」になる。たとえば、868本塁打《ほんるいだ》の日本記録を持つ王貞治選《おうさだはるせん》手《しゅ》(元巨人《きょじん》)は、故意四球も427個で日本記録だ。

ただし、捕手《ほしゅ》が立ちあがらずに、ストライクゾーンから外に遠くはなれたところにすわって敬遠《けいえん》することもできる。明徳義塾高校《めいとくぎじゅくこうこう》の捕手は立ちあがらなかったから、「故意四球」とは記録されない。しかし、松井選手《まついせんしゅ》との勝負をさけたことはあきらかだった。

松井選手の第2打席は3回、1死二、三塁《るい》のチャンスで回ってきたが、同じく敬遠。明徳義塾高校は2対0で勝っていたからしかたがない。3対1でむかえた5回の第3打席は、1死一塁の場面でまたもや敬遠。それでも、その後に星稜高校は1点を返して1点差になった。

■5打席、合計20球をすべて見送る

息づまるような展開《てんかい》になり、勝負のゆくえはわからない。白熱した試合がつづてい

た。ところが、7回、甲子園《こうしえん》の雰囲気《ふんいき》がおかしくなった。松井選手の第4打席。2死で走者がいないのに、河野投手《こうのとうしゅ》は敬遠《けいえん》したのだ。ふつうでは考えられない作戦でまさかの4打席連続の敬遠。星稜応援団《せいりょうおうえんだん》は「勝負！　勝負！」と声をあげ、明徳義塾応援《めいとくぎじゅくおうえん》団《だん》をのぞく球場全体が松井選手《まついせんしゅ》を応援《おうえん》しはじめた。

そして、3対2のままでむかえた9回。2死から3番の山口選手が三塁打《るいだ》を打ち、松井選手の5打席目がまわったきた。一打同点のチャンス。しかし、河野投手はここでも敬遠する。球場全体が、明徳義塾高校に対して不満をぶつけ、怒《おこ》るような声につつまれた。それまで、松井選手はあまり表情を変えていなかったが、このときは一塁《るい》ベースの上でゆっくりと目をつぶって、「チームが逆転できますように」といのっていた。

その直後、星稜応援団がいる三塁側のスタンドから、応援用の黄色いメガホンや飲み物が入った紙コップがいくつもグラウンドに投げこまれた。プロ野球の試合ではたまにあることだけど、高校野球ではありえないことだ。星稜高校の選手たちとボールボーイたちがメガホンなどをかたづけるために、しばらくの間、試合が止まってしまった。さらに、明徳義塾高校にむけて「帰れ！　帰れ！」という声までがわきおこった。

試合再開後、松井選手《まついせんしゅ》が盗塁《とうるい》を決めて、一打逆転のチャンスとなったが、つづく打者はサードゴロでゲームセット。勝った明徳義塾高校《めいとくぎじゅくこうこう》が校歌を歌うときにも「帰れ！帰れ！」の声がまたわきおこった。

ホームランを打つどころか、5打席、合計20球をすべて見送るしかなく、一度もバットを振《ふ》ることができなかった松井《まつい》選手。試合後のインタビューのときはくちびるをとがらせ、涙がこぼれないように上を向いていった。

「くやしい。敬遠《けいえん》は相手のやり方。自分は知りません」

星稜高校《せいりょうこうこう》の山下監督《やましたかんとく》は「高校野球だから勝負してほしかった。松井は人間がしっかりしているから、顔にもださない。それだけになおさらかわいそうです」といった。

明徳義塾高校《めいとくぎじゅくこうこう》の河野《こうの》投手は「一度ぐらい勝負はしたかったです。でも、作戦でしたから……」といい、敬遠を指示した馬淵史郎《まぶちしろう》監督は、「高校生のなかにひとり、プロの選手がまじっていた。勝つために最善《さいぜん》の作戦を実行しました」といった。

ひとりの打者を全打席敬遠する作戦はルール違反《いはん》ではない。試合に勝つための作戦だったと、賛成する人もいた。ただ、スポーツマンシップを大事にする高校野球ではやってほしくなかった、走者がいるときはいいとしてもいないときは勝負してほしかった、という人のほうが多かった。

■自分ががんばっていく力になった

日本全国を騒然《そうぜん》とさせた5打席連続敬遠《けいえん》は、高校野球の歴史に残る出来事になった。松井選手《まついせんしゅ》にとって最後の甲子園《こうしえん》でホームランは出なかったが、それだけ勝負をさけないといけないスゴイ打者なのだと、だれもが思い知らされた。

じつは、松井選手は、全国大会ではない公式試合でも全打席敬遠を経験していた。だから、敬遠にはなれていたようだ。それでも、甲子園という特別な場所で、球場全体が大さわぎになったりするなか、すべてのボールに対して集中して、くやしいそぶりをまったく見せずにプレーすることは、なかなかできることではない。プロ野球の球団の人は、打撃《だげき》はもちろん、そうした性格《せいかく》も評価《ひょうか》していた。

夏の甲子園から2カ月後、山形県《やまがたけん》でおこなわれた国民体育大会での試合。高校通算60本目のホームランを打った松井選手は、試合後にプロ入りの希望を発表し、11月のドラフト会議で巨人《きょじん》に1位指名されて入団が決まったのだった。

それから20年、日本とアメリカの野球ファンに愛された松井選手《まついせんしゅ》は、2012（平成24）年かぎりで引退《いんたい》。ちなみに、故意四球《こいしきゅう》の数は日米通算で81個だった。

2013（平成25）年、松井選手《まついせんしゅ》は5打席連続敬遠《けいえん》をふりかえって、こんなことをいっている。

「敬遠されたことに関しては、くやしさだとか、そういう感情みたいなものはそんなになかったですね。くやしかったのは負けたことだけです」

意外に、敬遠に対するくやしさは大きくなかったのだ。さらにこうもいっている。

「自分はあの甲子園の舞台で、5回、敬遠されたバッターだっていうことを、どこかで証明《しょうめい》しなくちゃいけないっていう気持ちが、心のなかにあったと思うんです。それがエネルギーになったと思うし、自分が努力《どりょく》する、がんばっていく、力になってくれたんじゃないか、という気はします」

5打席連続敬遠が、松井秀喜《まついひでき》という大打者をつくりあげた――、そういっても、いいすぎではないかもしれない。

君はＫ《ケー》Ｋ《ケー》コンビを知っているか？

■プロローグ

桑田真澄《くわたますみ》。プロ通算１７３勝。最優秀選手、沢村《さわむら》賞、最優秀防御率《さいゆうしゅうぼうぎょりつ》などのタイトルを獲得《かくとく》。１７４センチとプロ野球選手としては小さな体にもかかわらず、読売《よみうり》ジャイアンツのエースナンバー「18」を20年間守りつづけた偉大《いだい》な投手だ。

清原和博《きよはらかずひろ》。プロ通算５２５本塁打《ほんるいだ》。２０００本安打、１５００打点も達成。オールスターや日本シリーズなどの大舞台《おおぶたい》に強く、かつての常勝・西武《せいぶ》ライオンズの４番としてチームを何度も日本一に導《みちび》いた偉大《いだい》な打者だ。

ともに引退から5年以上を経過した今でも、野球解説だけでなくテレビＣＭ《シーエム》などでも起用《きよう》されることが多い2人。彼らは「ＫＵＷＡＴＡ《クワタ》」と「ＫＩＹＯＨＡＲＡ《キヨハラ》」の頭文字をとって「ＫＫコンビ」と呼ばれ、ふたりいっしょに雑誌《ざっし》やテレビＣＭに出演することも多い。

彼《かれ》らは一体どんな「コンビ」だったのか？　そして、引退《いんたい》してもなお、現役選手《げんえきせんしゅ》以上に注目を集めるのはなぜなのか？　物語は今から約30年前の1983（昭和58）年、この2人が大阪《おおさか》の超《ちょう》名門校・PL学園高校《ピーエルがくえんこうこう》野球部に入部したところからはじまる。

■1983年・春　衝撃《しょうげき》的だった2人の出会い

「ぼくとはまったく住む世界がちがうヤツ」

それが、桑田投手《くわたとうしゅ》の清原選手《きよはらせんしゅ》への第一印象だった。4月1日の早生まれだったこともあり、入学した時点で身長170センチそこそこの桑田投手は、自分よりも一回りも二回りも体格《たいかく》のいい選手《せんしゅ》たちがたくさんいたことで自信をなくし、高校野球では通用しないかもしれないと入学早々挫折感《ざせつかん》を味わっていた。その象徴《しょうちょう》が、「4番候補《こうほ》」として鳴り物入りで入学した、清原選手だった。

「なんだ、こんな小さいやつか」

それが、清原選手の桑田投手への第一印象だった。中学時代はリトルシニアの「エースで4番」として活躍《かつやく》していた清原選手は、PL学園高校でも「エースで4

番」を目指していた。そこで気になったのが、中学野球で活躍《かつやく》していた桑田投手《くわたとうしゅ》の存在《そんざい》だった。はじめはその体の小ささから見くびっていた清原選手《きよはらせんしゅ》だったが、いざ桑田投手の投げる球を見て「彼《かれ》には勝てない！」と驚愕《きょうがく》した。そして、投手の夢《ゆめ》をあきらめて打者に専念する道を選んだのだ。のちに「KKコンビ《ケーケー》」として全国にその名をとどろかせることになるふたりは、こうして名門・PL学園高校《ピーエルがくえんこうこう》野球部での生活をスタートさせた。

■1983年・夏　大阪大会でKKコンビデビュー！

1980年代前半、高校野球をリードしたのは「やまびこ打線」と呼ばれた打撃力《だげきりょく》が自慢《じまん》の池田高校《いけだこうこう》（徳島《とくしま》）だった。1982（昭和57）年夏の甲子園《こうしえん》大会で全国制覇《ぜんこくせいは》をすると、1983（昭和58）年春のセンバツ大会でも優勝《ゆうしょう》を果たし、「夏・春連覇」を達成。1983（昭和58）年夏の甲子園大会では、史上初の「夏春夏3季連続優勝」を目指し、優勝候補《こうほ》のナンバーワンと評価されていた。

一方、池田高校が春のセンバツ大会を制する前の1981（昭和56）年、1982

（昭和57）年に2年連続でセンバツ優勝をなしとげたのがＰＬ学園高校《ピーエルがくえんこうこう》だった。春のセンバツ大会では好成績《こうせいせき》を残したが、夏の大会では激戦区《げきせんく》・大阪《おおさか》をなかなか勝ちあがることができず、１９７９（昭和54）年から82年まで4年連続で甲子園《こうしえん》出場をのがしていた。それだけに、ＫＫ《ケーケー》コンビが入学した１９８３年は「何が何でも優勝して甲子園に出場しなければならない」という周囲からのプレッシャーはすさまじかったという。

しかし、そのプレッシャーがマイナスに影響《えいきょう》してしまったのか、ＰＬ学園高校《ピーエルがくえんこうこう》の選手たちはなかなか力を発揮《はっき》できずにいた。そんな状況《じょうきょう》を見かねた監督《かんとく》とコーチは、大阪大会4回戦で1年生の桑田投手を大抜擢《だいばってき》したのだった。

上級生たちはこの1年生投手の起用に「もう今年はあきらめ、来年以降のために経験をつませるつもりなのか」、「甲子園はムリだ。高校野球は終わった」とあきらめムードに。しかし桑田投手は、相手打線をわずか2安打におさえる見事な完封勝利《かんぷうしょうり》を演じてみせた。そして大会序盤《じょばん》から4番をまかされていた清原選手も、この試合で公式戦初本塁打を放ち桑田投手を援護《えんご》した。桑田・清原の「ＫＫコンビ」が、チームの中心になった瞬間《しゅんかん》だった。

■1983年・夏　無我夢中《むがむちゅう》で戦ったはじめての甲子園《こうしえん》

大阪《おおさか》大会を見事勝ちぬき、「1年生エース」と「1年生4番」として甲子園大会に乗りこんだKK《ケーケー》コンビ。まず、全国の高校野球ファンにその名をアピールしたのは桑《くわ》田投手《たとうしゅ》だった。1回戦で完投勝利すると、続く2回戦では3安打完封《かんぷう》勝利。続く3回戦は救援《きゅうえん》で登板して相手打線に1本のヒットもゆるさなかった。ニューヒーローの登場に、甲子園がわいた。

桑田投手に負けまいと、清原選手《きよはらせんしゅ》もつづいた。大会序盤《じょばん》は打てない日々がつづいたが、3回戦で甲子園初ヒット。つづく準々決勝・高知商業高校《こうちしょうぎょうこうこう》（高知《こうち》）戦で大爆発《だいばくはつ》した。高知商業高校は、この大会で池田高校《いけだこうこう》に次ぐ優勝候補《こうほ》といわれていた強豪校《きょうごうこう》。しかも、徹底研究《てっていけんきゅう》で丸裸《まるはだか》にされた桑田投手は高知商業高校打線につかまり、序盤《じょばん》でノックアウトされてしまう。だが、このピンチを清原選手のバットが救った。4打数3安打3打点、二塁打2本、三塁打1本の活躍《かつやく》をみせ、チームに勝利を呼びこんだのだ。そしてPL学園高校は、ついに準決勝で優勝の大本命・池田高校と対戦することになる。

史上初《しじょうはつ》の3季連続優勝を目指していた王者・池田高校《いけだこうこう》と、1年生が主力のPL学園高校。だれの目にも、池田高校有利とうつった。ＰＬ学園《ピーエルがくえん》高校の中村順司《なかむらじゅんじ》監督《かんとく》も、試合前に「試合が終わったらこういうふうにしゃべりなさい」と、負けることを前提《ぜんてい》にしたミーティングをしていたほど。チームメイトである上級生たちも桑田投手《くわたとうしゅ》に対し「お前、10点以内におさえろよ。２ケタ取られたら大阪《おおさか》の恥《はじ》や」といい、桑田投手は「ハイ、わかりました」と答えたという。

試合が始まると、準々決勝で大活躍《だいかつやく》した清原選手《きよはらせんしゅ》が池田高校のエース・水野雄仁投手《みずのかつひととうしゅ》（元巨人《きょじん》）の前に４打席４三振《さんしん》。超《ちょう》高校級投手の前に沈黙《ちんもく》してしまう。しかし、この試合では前日にノックアウトされた桑田投手が大活躍。池田高校の「やまびこ打線」をわずか5安打におさえ、7対0で完封勝利《かんぷうしょうり》をあげてしまうのだ。桑田投手は投げるだけでなく、水野投手から本塁打《ほんるいだ》を放《はな》ち、決勝進出の立役者になった。「池田時代」から「ＰＬ時代」へと世代交代をつげる試合となった。

そして横浜商業高校《よこはましょうぎょうこうこう》（神奈川《かながわ》）との決勝戦。桑田投手は6回途中《とちゅう》まで横浜商業高校を0点におさえ、攻撃面ではふたたび清原選手が爆発《ばくはつ》。先制となる甲子園初本塁打《こうしえんはつほんるいだ》を放ち、3対0で横浜商業高校に勝利した。ＫＫ《ケーケー》コンビのふたりが交互《こうご》に活躍《かつやく》し、ＰＬ《ピーエル》

学園高校《がくえんこうこう》が全国制覇《ぜんこくせいは》をなしとげたのだった。

のちに清原選手《きよはらせんしゅ》は、「とにかく1年生のときは無我夢中《むがむちゅう》。何が何だかわからないうちに甲子園《こうしえん》に出てしまって……それで自分が変わるわけじゃなく、まわりが変わってしまった」と語っている。前代未聞の「1年生エース」と「1年生4番」による全国制覇という偉業《いぎょう》に報道陣《ほうどうじん》がＰＬ学園高校《ピーエルがくえんこうこう》に押しよせ、常に注目を浴びるスター選手が誕生《たんじょう》したのだった。

■1984年・春　ＫＫ《ケーケー》コンビ、初めての挫折《ざせつ》

ダークホースだった1年生の夏から一転して、全国の高校からマークされる立場となったＰＬ学園高校、そしてＫＫコンビのふたり。全国の高校球児《きゅうじ》が「打倒《だとう》ＰＬ」「打倒清原《きよはら》・桑田《くわた》」に燃えるなか、１９８４（昭和59）年春のセンバツ大会に「夏・春連覇《れんぱ》」を目指してＫＫコンビが甲子園《こうしえん》に帰ってきた。

大会序盤《じょばん》はあぶなげない試合運びをみせ、圧勝で準決勝にまでコマを進めたＰＬ学

園高校。特に清原選手《きよはらせんしゅ》の打撃《だげき》はすばらしく、1回戦と2回戦の2試合で7安打8打点3本塁打《ほんるいだ》の大活躍《だいかつやく》。全国の高校野球ファンに、改めて清原の打撃力のスゴさを見せつけた。

しかし、準々決勝以降《いこう》、清原選手を中心にした自慢《じまん》の強力打線が機能しなくなってしまう。準決勝は1対0、延長《えんちょう》サヨナラでなんとか勝利をもぎとったが、むかえた決勝・岩倉高校《いわくらこうこう》（東京《とうきょう》）戦では桑田投手が14三振をうばうものの、PL学園高校打線がわずか1安打におさえこまれてしまい、0対1で敗れてしまう。清原選手が準々決勝以降3試合でわずか1安打と大スランプにおちいったことも敗因《はいいん》のひとつだった。

「2年生からは、打たないといけない、勝たないといけないというプレッシャーが加わって、力《りき》みがでてしまった」と、清原選手自身もスランプの原因《げんいん》を後に語っている。

■1984年・夏　のびのび野球の前に散ったKK《ケーケー》コンビ

「夏・春連覇《れんぱ》」はかなわなかったものの、「夏2連覇」を目指してのぞんだ1984（昭和59）年、夏の甲子園大会。清原選手が1回戦で大会記録となる1試合3本塁打《ほんるいだ》を放ち、周囲の度肝《どぎも》をぬいた。さらに3回戦までは12打数8安打3本塁打《ほんるいだ》7打点という驚異的《きょういてき》な打撃《だげき》を見せ、あらためてその怪物《かいぶつ》ぶりを全国に見せつけた。チームとしてもつけいるすきをあたえず3試合で32得点。だれもがPL学園高校《ピーエルがくえんこうこう》の2連覇《れんぱ》をうたがわない勝ちっぷりだった。しかし、その「勝って当たり前」という空気が、徐々にプレッシャーとなってPL《ピーエル》ナインをおそいはじめ、準々決勝、準決勝はともに1点差でかろうじて勝つことができた。

むかえた決勝戦の相手は、名将・木内幸男《きうちゆきお》監督《かんとく》率《ひき》いる取手第二高校《とりでだいにこうこう》（茨城《いばらき》）。選手の力を引き出す「のびのび野球」は決勝戦でもパワー全開。終始、取手第二高校のペースで試合は進んだ。一方、2連覇のプレッシャーの前に本来の力を出し切れないPL学園高校。特に大会序盤《じょばん》であれほど打ちまくった清原選手《きよはらせんしゅ》が、準々決勝以降の3試合でわずか2安打。決勝戦でも大事な場面で打つことができなかった。

また、桑田投手《くわたとうしゅ》は1回戦から決勝戦まで6連投。決勝戦では試合途中に指のマメがつぶれ、血染《ちぞ》めのボールを投げる力投をみせたが、延長《えんちょう》10回に3ランホームランを浴《あ》び、4対8で敗戦。春につづいて準優勝に終わってしまう。実は取手第二高校は、練習試合で13対0と圧勝《あっしょう》した相手。「負けるはずがない」という慢心《まんしん》も、敗因《はいいん》のひとつだった。

■1985年・春　負けたことでめばえた責任感《せきにんかん》

最終学年となったKK《ケーケー》コンビのふたり。しかし、春のセンバツ大会では準決勝で、のちに西武で活躍《かつやく》する渡辺智男投手《わたなべとみおとうしゅ》がエースの伊野商業高校《いのしょうぎょうこうこう》（高知《こうち》）に1対3で敗退《はいたい》。またしても優勝を逃《のが》してしまう。KKコンビがPL学園《ピーエルがくえん》高校に入学して以来、甲子園《こうしえん》大会で決勝戦に出られなかったのは初めてのことだった。

清原選手《きよはらせんしゅ》は、渡辺投手の快速球に3三振。特に第2打席は3ボールノーストライクという打者有利のカウントから三振を喫する。「0―3から三振した記憶なんてありません」とショックを覚えるとともに、「全国にはまだこんなスゴイ投手がいるのか」と再認識《さいにんしき》する戦いとなった。

春のセンバツ大会後、甲子園《こうしえん》からもどってきた清原選手は、時速150キロに設定したピッチングマシンのボールを打ちこむ練習をくりかえした。また、全体練習後にはほかの選手も引きつれ、３００本の素振《すぶ》りを日課とした。深夜も寮《りょう》のガラス扉の前で素振りをつづけ、バットを抱いて寝《ね》るときもあったという。

桑田投手《くわたとうしゅ》はそんな清原選手《きよはらせんしゅ》の背中を見て「オレも絶対に負けられない」と、早朝、そして全体練習後にグラウンドの隣《となり》にあったゴルフ場をひとりで黙々《もくもく》と走り続けた。

突出した才能を持つふたりが、だれよりも率先して汗を流した。２人は「悔《く》いのないようにしよう！」という言葉を何度も掛け合い、最後の夏に向けて練習をくりかえした。

■1985年・夏　最後の夏。集大成《しゅうたいせい》の夏

1年夏以来の全国制覇を目指し、ＫＫ《ケーケー》コンビとＰＬ学園高校《ピーエルがくえんこうこう》はまた甲子園に戻ってきた。ＫＫコンビの最後の勇姿《ゆうし》を見ようと、全国の野球ファンが注目したこの大会で、2人はその期待に見事に応える数々の伝説を成《な》し遂《と》げることになる。

2回戦の東海大学山形高校戦《とうかいだいがくやまがたこうこうせん》はＰＬ学園高校にとっては初戦。ＫＫコンビを一目見ようと集まった5万人を超える大観衆の前でいきなり信じられない記録が生まれた。

PL学園高校《ピーエルがくえんこうこう》が大会史上初の毎回得点となる29点を挙げたのだ。この試合で生まれた「1試合最多得点（29点）」、「1試合最多安打（32安打）」は今なお大会記録である。

この大勝でいきおいにのったPL学園高校は、その後も快調な試合を続ける。特にスゴかったのが清原選手《きよはらせんしゅ》だ。これまでの大会では準々決勝、準決勝、決勝とトーナメントが進むほど相手のきびしい攻めに苦しめられて打撃成績を落としてきた。ところがこの大会では、準々決勝では大会屈指《くっし》の好投手で、のちにプロでも活躍する中山裕章投手《なかやまひろあきとうしゅ》（元大洋《たいよう》ほか）からレフトスタンド中段への特大の本塁打《ほんるいだ》。甲子園《こうしえん》では珍《めずら》しい、左から右への「浜風《はまかぜ》」をものともしないパワーを見せつけた。さらに準決勝は3打数3安打4打点、2打席連続本塁打という大活躍《だいかつやく》。チーム全体でも安打を重ね、15対2という大差で決勝進出を決めた。

決勝の相手は宇部商業高校《うべしょうぎょうこうこう》（山口《やまぐち》）。それまでの一方的な展開とはことなり、決勝戦は追いつ追われつの展開で試合が進む。2回表に宇部商業高校が1点先制すると、4回裏にPL学園高校が清原選手の3試合連続となる4号本塁打で同点とする。再び宇部商業高校にリードを許した6回裏には、また清原選手が2打席連続の5号本塁打

甲子園《こうしえん》の「浜風《はまかぜ》」をものともしないパワーでPL打線を牽引《けんいん》した清原《きよはら》選手。

体は小さくても、ボールのキレとコントロールを武器に、熱投をつづけた桑田《くわた》投手。

でまた同点に追いつく。テレビの実況《じっきょう》アナウンサーは「甲子園《こうしえん》は清原《きよはら》のためにあるのか⁉」と絶叫《ぜっきょう》した。

両校一歩もゆずらぬ攻防《こうぼう》をみせ、同点でむかえた9回裏。PL《ピーエル》学園高校《がくえんこうこう》は二死二塁の場面で、チームをささえてきた主将《しゅしょう》の松山秀明《まつやまひであき》選手《せんしゅ》（元オリックス）がタイムリーヒットを放ち、劇的《げきてき》なサヨナラ勝ちで1983（昭和58）年夏以来の全国制覇《ぜんこくせいは》を達成した。

桑田《くわた》投手《とうしゅ》はこの試合も完投し、甲子園通算20勝を達成。清原選手も大会記録となる一大会5本塁打、甲子園通算13本塁打という大記録を残し、最後の夏を有終の美でかざった。

■エピローグ

桑田投手と清原選手は、いったい何がスゴかったのか。

桑田投手は体が小さいからこそ、ボールのキレとコントロールを大切にした。「苦しくなったときこそアウトロー」を徹底し、いつでもアウトコース低めに投げられるコントロールを常に追い求めた。また、1年生からエースとしてマウンドに立ち続けたことで、「自分が点を取られない限りチームは負けることはない」という責任感《せきにんかん》が芽生え、だれよりも考えて練習し、日々走りつづけた。だからこそ、ひとりでマウンドを守ることができる忍耐力《にんたいりょく》とスタミナを身につけることができたのだ。

その一方で、率先《そっせん》して「休養」を取るなど、きびしい練習や特訓《とっくん》があたりまえだった時代に、人一倍、体のケアに気を使った。常に目的意識を持って練習に取り組んだからこそ、結果となってあらわれたのだろう。


甲子園《こうしえん》で20勝するためには、1年夏から出場できたとしても、5大会全てに出場し、すべての大会で準決勝以上に進出しなければならない。強豪校《きょうごうこう》ほど複数《ふくすう》の投手をそろえる今の時代において、今後20勝投手は二度とあらわれないのではないかといわれるほどの大記録なのだ。

一方の清原《きよはら》選手も、甲子園全26試合で13本塁打《ほんるいだ》。1試合2本以上の固め打ちも多かったものの、これほど高確率《こうかくりつ》で本塁打を量産《りょうさん》できるパワーは圧巻だった。また、1年から4番をつとめたので、パワーだけではなく「チームバッティング」の意識を高めることになった。甲子園通算91打数で40安打29打点。打率は4割4分。当初はトーナメントが進むほど成績が落ちることもあったが、最後の夏は準々決勝以降で5本塁打。10打数8安打と打ちまくり、4番としての責任《せきにん》をはたした。

この年のPL学園は、清原選手のあとを打つ「5番桑田」の存在も大きかった。打者としても一流だった桑田選手《くわたせんしゅ》は甲子園通算《こうしえんつうさん》6本塁打《ほんるいだ》。これは、清原選手の13本に次ぐ2位タイの記録だ。清原選手を歩かせても好打者・桑田選手がひかえるため、清原選手と勝負せざるをえないという状況《じょうきょう》が生まれたのだ。

何よりもスゴかったのは、これほどの才能《さいのう》が同時期に、ひとつのチームに集まったということだ。甲子園《こうしえん》に数々の伝説を残したKK《ケーケー》コンビは、その年の秋、ふたりそろってドラフト会議で指名されることになった。桑田投手《くわたとうしゅ》が読売《よみうり》ジャイアンツに、清《きよ》原選手《はらせんしゅ》が西武《せいぶ》ライオンズにそれぞれ1位で指名され、入団。セ・パの強豪《きょうごう》チームのエース、4番としてすぐにチームに欠かせない存在になった。そして、オールスターや日本シリーズという大舞台では「KK対決」という新たなドラマを演じることになった。

甲《こう》子《し》園《えん》史《し》上《じょう》最強の怪《かい》物《ぶつ》　江《え》川《がわ》卓《すぐる》

■桑田《くわた》でもない、松坂《まつざか》でもない、江川だ！

甲子園《こうしえん》で一番スゴかった選手はだれだろう？　それは、清原和博選手《きよはらかずひろせんしゅ》（元西武《せいぶ》ほか）とのＫＫ《ケーケー》コンビで甲子園に5季連続出場したＰＬ学園高校《ピーエルがくえんこうこう》（大阪《おおさか》）の桑田真澄《くわたますみ》投手（元巨人《きょじん》ほか）でもない。甲子園春夏連覇《れんぱ》を成しとげた横浜高校《よこはまこうこう》（神奈川《かながわ》）の松坂《まつざか》大輔《だいすけ》投手（メッツ）でもない。

一番すごかったのは、作新学院高校《さくしんがくいんこうこう》の江川卓投手（元巨人《きょじん》）だ。日曜日の夜のスポーツニュース番組『Ｇｏｉｎｇ！《ゴーイング》　Ｓｐｏｒｔｓ《スポーツ》＆Ｎｅｗｓ《ニュース》』のご意見番として、ジャニーズの亀梨和也《かめなしかずや》さん達とユニークなかけあいをみせるあの人こそ、1年だけ甲子園に現れた「怪物」だったのだ。

江川投手が１９７３（昭和48）年に、春夏の甲子園で残した成績《せいせき》は4勝2敗。スゴイ成績とは言えない。しかし、高校時代の江川投手を目撃《もくげき》した人はみんないう。

「すごい。とにかくすごかった」

スピードガンがない時代だったので正確《せいかく》な球速はわからないが、150キロはゆうに超《こ》えていたといわれている。160キロが出ていたといい張る人まで いる。とにかく速すぎて、バットにボールが当たらなかったのだ。

■江川《えがわ》が残した伝説と記録

それでは、江川投手が残した伝説をいくつかあげてみよう。

・低めのストレートがホップして（浮《う》き上がって）ストライクになった
・2階から落ちてくるようにカーブが90度も曲がった
・投球がかすったバットから煙《けむり》が出た（ようなにおいがした）
・打者がファウルしただけでスタンドがどよめいた（ついに当てた！）

大げさに語られた表現もあるが、それだけ「この世のものとは思えないすごさ」だったのだ。

次に江川投手《えがわとうしゅ》が残した記録を少しみてみよう。

・12試合でノーヒットノーラン（うち2試合は完全試合）

・145イニング連続無失点

・1試合23奪三振《だっさんしん》（延長《えんちょう》15回での記録。9イニングでは22奪三振）

・県大会5試合でヒット2本しか打たれずに甲子園《こうしえん》出場

（もちろん全試合完封《かんぷう》勝ち！）

そろそろ江川投手のすごさに気づいてもらえたと思う。「一番速かった」と語りつがれる高校2年の秋からは、全国の強豪校が「打倒江川《だとうえがわ》！」に執念《しゅうねん》を燃やし、甲子園は江川投手を中心にまわっていったのだ。

■衝撃《しょうげき》のデビュー 完全試合を達成！

作新学院高校《さくしんがくいんこうこう》は栃木県《とちぎけん》の中心都市、宇都宮市《うつのみやし》にある創立1885（明治18）年の伝統校。野球部は1902（明治35）年に創部《そうぶ》され、1962（昭和37）年には甲子園で春夏連覇《れんぱ》を達成した強豪《きょうごう》だ。

1971（昭和46）年4月。江川投手《えがわとうしゅ》が作新学院高校《さくしんがくいんこうこう》に入学。野球部に入部してすぐにベンチ入りメンバーとなった江川投手は、その年の夏の栃木《とちぎ》大会で衝撃《しょうげき》をあたえる。準々決勝の烏山高校《からすやまこうこう》戦で、栃木県《とちぎけん》の高校野球史上《しじょう》初となる完全試合を達成したのだ。しかも当の本人はすずしい顔をしている。「あの1年生はだれだ⁉」。スタンドがどよめく。ここに「怪物《かいぶつ》伝説」の幕《まく》が開いたのだ。

しかし入学して4カ月足らずの江川投手は連投の疲労《ひろう》もあり、決勝は宇都宮商業高《うつのみやしょうぎょうこう》校《こう》に敗退《はいたい》。甲子園《こうしえん》デビューは持ちこしとなった。しかし、その名が関東の強豪校《きょうごうこう》に知れわたる日はすぐにやってきた。

■1年生の秋　10者連続三振でど肝《ぎも》をぬく

江川投手が1年秋の関東大会。1971（昭和46）年10月31日。翌年《よくとし》のセンバツ、第44回選抜高校野球大会につながる大事な大会の初戦《しょせん》が行われた。

この日の江川投手は絶好調《ぜっこうちょう》。対戦相手の前橋工業高校《まえばしこうぎょうこうこう》（群馬《ぐんま》）をまったく寄せつけない。豪速球《ごうそっきゅう》が次々にきまる。前橋工業高校の打者はぼうぜんと打席に立ちすくむ。

初回最後の打者から4回最後の打者まで10者連続三振《さんしん》。しかもそのうちの8つは見逃《みのが》し三振だ。このままいけばどんな大記録が生まれるのか、と期待が高まる。

しかし、この快投はあっけなく途切《とぎ》れた。5回表、江川投手が頭に死球を受けて、救急車で病院に運びこまれてしまったからだ。試合も1対2で前橋工業高校《まえばしこうぎょうこうこう》に敗れてしまう。再び甲子園《こうしえん》への道は閉ざされた。しかし、「栃木《とちぎ》に怪物《かいぶつ》がいる」という噂《うわさ》はますます広まっていった。

■3試合連続ノーヒットノーランを達成！

1972（昭和47）年、2年生になった江川投手はさらなる怪物《かいぶつ》ぶりを発揮《はっき》するようになる。きびしい練習でパワーアップした肉体から、ビシビシ豪速球《ごうそっきゅう》を投げこんでいった。

今年こそ甲子園に。いよいよ夏の栃木大会がやってきた。高校球児《こうこうきゅうじ》がもっともきらめく夏に、江川投手は一番の輝《かがや》きを放つ。この大会で江川投手は、今後だれも破れないであろう大記録を作ったのだ。

江川投手《えがわとうしゅ》はなんと3試合連続でノーヒットノーランを達成。しかも3回戦の石橋高《いしばしこう》校《こう》戦では自身2度目の完全試合を105球で成しとげてしまう。作新学院高校《さくしんがくいんこうこう》の甲子園出場はまちがいなしと、だれもが思った。

■どれだけおさえても甲子園《こうしえん》に行けない

むかえた7月27日の準決勝。相手はライバル校の小山高校《おやまこうこう》。栃木県《とちぎけん》営球場は江川を見るために集まった観客《かんきゃく》で満員《まんいん》。試合を一目見ようと球場の石塀《いしべい》や、近くの鉄柱《てっちゅう》によじ登る人まで現れた。

この日も江川投手は絶好調。つぎつぎに三振《さんしん》をうばい、ヒットをゆるさない。しかし江川投手の力投を、打線が援護《えんご》できない。江川投手は9回をノーヒットで抑えるものの、0対0で延長戦に突入した。

11回裏に小山高校がついにチャンスをつかむ。1死二、三塁から投手前にスクイズ。江川投手が必死にマウンドを駆《か》けおりる。しかし江川投手は土に足を取られて尻もちをついてしまった。0対1でゲームセット。

「江川《えがわ》を見殺しにするな!」。騒然《そうぜん》となったスタンドからヤジが飛ぶ。この心無いヤジに作新ナインは傷《きず》ついた。「どれだけおさえたら甲子園《こうしえん》に行けるんだ」。江川投手の表情もくもる。江川投手2年の夏は、ほろ苦く終わった。

■伝説の全盛期《ぜんせいき》~怪物《かいぶつ》のさらなる覚醒《かくせい》

甲子園には出場できなかったものの、夏の栃木大会《とちぎたいかい》の快投で江川投手の名前は全国にとどろいていた。秋になり、いよいよ江川投手の学年が最上級生となった新チームがスタートする。

貧打《ひんだ》に泣かされた江川投手だったが、作新学院高校《さくしんがくいんこうこう》の新チームは打てるチームに生まれ変わった。秋の栃木県大会でチーム打率《だりつ》3割5分4厘《りん》と絶好調。江川投手も4試合を失点0に抑える。県大会を危なげなく制した作新学院高校は、関東大会へと駒《こま》を進めた。

1972(昭和47)年の秋の関東大会は、江川投手の全盛期《ぜんせいき》だったという人も多い伝説の大会だ。初戦は東京農業大学第二高校《とうきょうのうぎょうだいがくだいにこうこう》（群馬《ぐんま》）を1安打完封《かんぷう》で10対0と圧勝。準決勝も、千葉県の高校野球を変えた名将《めいしょう》の斉藤一之監督《さいとうかずゆきかんとく》が率《ひき》いる銚子商業高校《ちょうししょうぎょうこうこう》（千葉《ちば》）を1安打完封。「黒潮打線《くろしおだせん》」と呼ばれる強打のチームから20三振《さんしん》をうばい4対0で勝利をおさめた。

決勝は横浜高校《よこはまこうこう》（神奈川《かながわ》）を4安打完封《かんぷう》の6対0で下し、作新学院高校《さくしんがくいんこうこう》は優勝《ゆうしょう》を決める。4度目の挑戦でついに江川投手は、甲子園《こうしえん》への切符《きっぷ》をつかんだのだ。

■怪物《かいぶつ》をたおせ！　全国の強豪校が期した「打倒《だとう》江川！」

怪物をたおせ！　いよいよ江川投手が甲子園に出場することが決まり、「打倒江川！」が全国の強豪校《きょうごうこうこう》の合い言葉となる。とはいえ、江川投手のボールはそうそう打てない。点を取るのは至難《しなん》の技《わざ》だ。場合によってはノーヒットでも1点を取らなければならない。各校は血眼《ちまなこ》になって江川対策をはじめた。ここでそのいくつかを紹介《しょうかい》しよう。

◎銚子商業高校《ちょうししょうぎょうこうこう》の場合

・2、3メートル前から投手に投げさせての打撃《だげき》練習

・ヘルメットを目深《まぶか》にかぶって高めのストレートにつられないようにする

・暑い日だとバテ気味、くもりだと絶好調、雨だと勝機《しょうき》ありと分析《ぶんせき》

斉藤一之監督《さいとうかずゆきかんとく》はデータ分析もいち早く導入《どうにゅう》していた。関東大会での屈辱的《くつじょくてき》な敗北《はいぼく》をバネにチームを鍛《きた》えあげ、のちに銚子商業高校は江川投手の前に立ちふさがることになる。

◎横浜《よこはま》高校の場合

・2、3メートル前から投手に投げさせての打撃練習

・特注の重いバットで毎日1000回の素振り

・夜間練習で毎晩《まいばん》1000球のティーバッティング

横浜高校の渡辺元智監督《わたなべもとのりかんとく》は、江川投手を力でねじ伏せ関東大会の雪辱《せつじょく》を晴らそうとした。そのため練習時間のほとんどが打撃《だげき》に費やされたという。

◎広島商業高校《ひろしましょうぎょうこうこう》の場合

・バントすらできないことを想定
・1死二、三塁からわざとスクイズを失敗して、三塁走者《さんるい》をおとりに、二塁走者を生還《せいかん》させるトリックプレーを練習
広島商業高校（広島）は小技や機動力を得意とするチーム。しかし迫田穆成監督《さこたよしあきかんとく》は、広島商業高校の打者をもってしても江川投手のボールは速すぎてバントすら失敗すると考え、このような奇策《きさく》の練習をくりかえしたのだ。

まるでマンガのような奇想天外《きそうてんがい》な練習も多いが、それほど江川投手は恐《おそ》れられていたのだ。さあ、はじめての甲子園で江川投手には何が待ち受けていたのだろうか⁉

■「江川のセンバツ」が幕《まく》を開ける

1973（昭和48）年3月27日。第45回選抜高校野球大会が開幕《かいまく》した。ついに怪物《かいぶつ》・江川投手が姿《すがた》を現したことで、甲子園はざわついていた。

前年の秋に新チームが結成されて以来、県大会と関東大会の7試合を失点0に抑《おさ》え、

94個の三振《さんしん》をうばって甲子園《こうしえん》に乗りこんできた江川投手《えがわとうしゅ》の話題で持ちきりだ。しかも作新打線《さくしんだせん》は、打てるチームに進化している。投打がかみ合った作新学院高校《さくしんがくいんこうこう》は、堂々たる優勝候補《ゆうしょうこうほ》におされていた。

■怪物《かいぶつ》はだれにも打たれない!

開会式直後の第1試合。夢の舞台《ぶたい》を行進した球児達《きゅうじたち》の息吹《いぶき》が残るグラウンドに作新学院高校は登場した。相手は地元大阪の強豪《きょうごう》、北陽高校《ほくようこうこう》(大阪、現・関西大学北陽高校《かんさいだいがくほくようこうこう》)。出場30校の中で最高のチーム打率を誇《ほこ》る北陽打線は、江川投手を打ちくずす意気ごみで満々だ。

プレーボール。ズバン! 初球からものすごいストレートが投げこまれる。スタンドの観客《かんきゃく》は静まりかえり、すぐにどよめきが起きる。江川投手はいきなり初回から5者連続三振を奪《うば》い、怪物《かいぶつ》ぶりを発揮《はっき》する。終わってみれば19三振を奪《うば》い2対0で勝利。江川攻略《こうりゃく》に自信を持っていた北陽ナインはなす術《すべ》もなく敗れた。

続く2回戦は小倉南高校《こくらみなみこうこう》(福岡《ふくおか》)に8対0で完勝。準々決勝は野球王国・四国の名

ダイナミックなフォームで投げるストレートで北陽《ほくよう》打線《だせん》をおさえる江川《えがわ》投手《とうしゅ》。

門、今治西高校《いまばりにしこうこう》（愛媛《えひめ》）から20三振《さんしん》をうばい3対0でこれまた完勝。7回1死までは走者をひとりも出さない投球ぶりだった。江川投手は前年の秋から135イニング無失点というとんでもない記録で、準決勝の広島商業高校《ひろしましょうぎょうこうこう》戦をむかえることになる。

■精神野球の名門、広島商業高校の知略《ちりゃく》に散る

広島商業高校は心技体《しんぎたい》を鍛《きた》える「精神野球」をモットーにし、この年までに春1回、夏4回の優勝を誇《ほこ》る名門校。当然、佃正樹《つくだまさき》投手《とうしゅ》と達川光男《たつかわみつお》捕手（元広島《ひろしま》）のバッテリーを軸にしたこのチームでも優勝をねらっている。

この試合で広島商業高校は江川投手攻略《こうりゃく》の秘策《ひさく》を立てる。それは試合中盤《ちゅうばん》まで徹底《てってい》してウエーティングする（球を見逃す）こと。今大会4試合目となる江川投手に少しでも多くの球数を投げさせ、スタミナを奪《うば》う作戦に出たのだ。

試合は、江川投手と、ここまで3試合連続完封で勝ち上がってきた佃投手との投げ合いとなる。5回表に作新学院高校が1点を先制するも、広島商業高校はすかさずその裏、達川選手《たつかわせんしゅ》が四球で出塁し、佃《つくだ》選手がタイムリーヒットを打ち同点に追いつく。

江川投手は甲子園《こうしえん》でついに失点し、連続無失点記録は１３９イニングでストップした。5回が終わり、江川投手の球数は普段《ふだん》よりずっと多い１０４球に達していた。「勝てる！」。目論《もくろ》み通りの展開に、広島商業高校《ひろしましょうぎょうこうこう》ナインは自信を持って試合を進める。

そして8回裏。広島商業高校は2死一、二塁からダブルスチールで勝負。あわてた捕手《ほしゅ》の送球がそれ、二塁走者が一気にホームに生還《せいかん》。勝負あり。広島商業高校はこのまま2対1で逃げきった。「ヒットを打てなくても江川に勝つ」。持ち前の機動力を生かし、広島商業高校は怪物《かいぶつ》を攻略《こうりゃく》したのだ。

江川投手のセンバツは、現在でも大会の最多奪三振記録となっている60奪三振を残して終わった。「野球は9人でやるものだと知っていました。でも、今日、それがはっきりとわかりました」という言葉を残して。

なお、この大会は秋の関東大会で江川投手に敗れた横浜高校が決勝で広島商業高校を下し、初優勝をかざっている。

■怪物《かいぶつ》の孤独《こどく》――マスコミの犠牲《ぎせい》になった作新《さくしん》ナイン

センバツを終え、江川投手《えがわとうしゅ》の評価はさらに高まった。それはそうだ。負けたとはいえ、まったく打ちこまれていないのだから。

日本中が江川フィーバーにつつまれていく。

作新学院高校《さくしんがくいんこうこう》野球部の合宿所には連日、朝から20名もの取材陣《しゅざいじん》がおしかけるようになった。学校側は過熱《かねつ》する江川投手への取材をやめてもらおうとするが、どうにもならない。ただでさえまわりからは「作新は貧打《ひんだ》。江川ひとりのチームだ」と見られていたこともあって、作新ナインの気持ちは冷めていく。がんばっても注目されるのは江川だけ――。

もともとは明るい性格の江川投手だったが、このころから表情は日に日にくもっていく。徐々にチームの雰囲気《ふんいき》はぎくしゃくし、江川投手は孤独へと追いこまれていく。

高校時代の江川投手の印象をあげる時に、「すごい」とあわせて「孤独《こどく》」という人はとても多い。

■怪物《かいぶつ》のひとり野球なのか……

センバツ以降、練習試合の申し込みが殺到《さっとう》したことで、江川投手は満足《まんぞく》な走りこみと投げこみができなかった。疲労《ひろう》は蓄積《ちくせき》し、調整不足はあきらかだった。

しかし江川投手は力を振り絞って最後の甲子園を目指す。1973（昭和48）年の夏。江川投手は栃木大会の5試合を失点0、被安打2、75奪三振《だつさんしん》というすさまじい成績で突破した。チーム打率《だりつ》2割6厘《りん》まで調子を落とした打線を背負って。

■バスター作戦の柳川商業高校《やながわしょうぎょうこうこう》を延長《えんちょう》で振り切る！

第55回全国高校野球選手権大会が開幕《かいまく》。江川投手、最後にしてはじめての夏の甲子園がはじまった。大会2日目の8月10日に作新学院高校《さくしんがくいんこうこう》が登場。相手は柳川商業高校《やながわしょうぎょうこうこう》（福岡《ふくおか》、現・柳川高校《やながわこうこう》）だ。

柳川商業高校はバスター作戦で江川投手を苦しめる。バスターとはバントの構《かま》えからバットを引いてミートに徹《てっ》する打法のこと。この作戦が当たり、初回から柳川打線はいい当たりを放つ。わきたつ柳川《やながわ》ナイン。調整不足がたたり、あきらかに怪物《かいぶつ》は調子をくずしていた。

それでも5回までに10奪三振《だつさんしん》と力投する江川投手《えがわとうしゅ》だったが、6回表についに1点を失う。この瞬間、センバツ後からつづけてきた連続無失点記録は145イニングでついえた。

試合は1対1で延長戦《えんちょうせん》に。柳川商業高校はサヨナラのピンチになると、センターの選手をピッチャーとサードの間に立たせ、5人で内野を守る変則シフトを敷《し》く。必死にくらいつく柳川商業高校《やながわしょうぎょうこうこう》。作新学院高校は15回に、ようやく2対1でサヨナラ勝ちを決めた。江川投手は23三振を奪《うば》ったが219球を投げさせられた。

「1回から、いつ打たれるかと不安でしかたがありませんでした」。

江川投手の疲労は増していく。この日の最終第4試合では、ライバルの銚子《ちょうし》商業高《しょうぎょうこう》校《こう》が岡山東商業高校《おかやまひがししょうぎょうこうこう》（岡山《おかやま》）を延長12回の接戦の末、1対0で下していた。

■雨の中、最後の試合がはじまった……

8月16日の第3試合。不吉《ふきつ》な雨雲が上空にたれこめるなか、作新学院高校《さくしんがくいんこうこう》の2回戦が行われようとしている。江川投手《えがわとうしゅ》を目当てに5万6千人がスタンドをうめていた。相手は「打倒江川《だとうえがわ》！」で猛特訓《もうとっくん》してきた銚子商業高校《ちょうししょうぎょうこうこう》だ。前年の秋の屈辱的敗戦《くつじょくてきはいせん》に続き、この年の春の関東大会でも江川投手に負けていた銚子商業高校は、「今度こそは勝つ！」と意気《いき》ごんでいた。この試合までに、徹底的《てっていてき》な分析《ぶんせき》で江川投手のフォームのクセを見つけ、投げる球種《きゅうしゅ》を見破《みやぶ》っていたという。

午後1時24分。試合は始まった。江川投手と、銚子商業高校の2年生エース、土屋《つちや》正勝投手《まさかつとうしゅ》（元中日《ちゅうにち》）はどちらもゆずらない。試合途中から降りだした雨は、どんどん雨脚《あまあし》を強めていく。帽子《ぼうし》から雨粒《あめつぶ》がしたたり落ちる。0対0のまま、またもや試合は延長戦《えんちょうせん》に。

■絶体絶命のピンチ

そして怪物の夏は、クライマックスをむかえた。12回裏。作新学院高校の守り。大《おお》粒《つぶ》の雨が降り、グラウンドがぬかるむ。内野の照明がともり、鈍《にぶ》い光が甲子園をつつむ。先頭打者が四球で出塁《しゅつるい》。ヒットエンドランを決められ1死一、三塁。敬遠策《けいえんさく》をとり1死満塁に。絶体絶命のピンチだ。

ずぶぬれになり、マウンドでひとり孤独《こどく》のオーラをまとう江川投手《えがわとうしゅ》。その胸《むね》はどんな思いでいっぱいになっていたのだろう？

ストライク。ボール。ボール。2ボール1ストライク。雨でボールがすべる。江川投手は後ろのポケットに入れたロジンバッグ（すべり止め）に手をやる。バックネット直撃のファウル。2ボール2ストライク。そして内角高めに大きくボールは外れる。3ボール2ストライク。もうあとがない……。

■次の1球は「お前の好《す》きなところに投げろ！」

江川投手が内野陣《ないやじん》をマウンドに呼《よ》びよせる。これは、作新学院高校《さくしんがくいんこうこう》に入学してからはじめてのことだった。「次の球は好きな球を投げてもいいか？」。江川の問いかけに野手が答える。「ここまできたのはお前のおかげだ。お前の好きなところに投げろ！」。投げる球は決まっている。

そして最後の一球が放られた。ボール！　渾身《こんしん》のストレートは無情にも高めに大きく外れた。打者がバンザイをして駆《か》け出す。押《お》し出しの走者がホームベースを踏《ふ》む。延長《えんちょう》12回、0対1。サヨナラ負け。劇的《げきてき》な幕切《まくぎ》れで銚子商業高校《ちょうししょうぎょうこうこう》が江川投手《えがわとうしゅ》を、いや初めて一体となった作新学院高校《さくしんがくいんこうこう》を下した。大粒《おおつぶ》の雨の中、怪物《かいぶつ》の甲子園《こうしえん》は終わった。

■孤独《こどく》な怪物が最後の夏に見つけた友情

おしだしでサヨナラ負けが決まった瞬間《しゅんかん》、江川投手は駆け足で静かにマウンドをおりた。その顔に涙《なみだ》はなかった。孤独《こどく》なマウンドに立ち続けた怪物は、はじめてチームメイトと一体になれたことを喜んでいた。最後の1球は、孤独《こどく》なストレートではなかった……。

試合後、江川投手は取りかこむ記者にこういった。「野球はひとりではできない」と。センバツで広島商業高校《ひろしましょうぎょうこうこう》にやぶれたときにも同じようなことをいっているが、このときの言葉には、どこか温かみが感じられる。

たとえ、この試合の結果を伝える翌朝《よくあさ》の朝日新聞に『力尽きた〝一人の江川〟九人野球の団結《だんけつ》に苦杯』という見出しが踊《おど》っていたとしても。

なお、この大会を制したのは広島商業高校《ひろしましょうぎょうこうこう》。決勝戦では9回裏にスリーバントスクイズを決めて夏5度目の栄冠《えいかん》を手にした。また、翌年《よくとし》の夏の甲子園《こうしえん》は、3年生エースとなった土屋投手《つちやとうしゅ》の銚子商業高校《ちょうししょうぎょうこうこう》が制している。つまり、1973(昭和48)年の春の横浜高校と夏の広島商業高校。翌1974(昭和49)年の夏の銚子商業高校。すべて「打倒江川《だとうえがわ》!」に目の色を変えたチームが甲子園の頂点《ちょうてん》に立っているのだ。

その後、プロ野球を代表する投手として活躍《かつやく》を続けた江川投手だが、「高校時代の江川の方が速かった」と、昔を知る者はみんな口をそろえていう。わずか6試合に鮮烈《せんれつ》な印象を残して、江川投手は甲子園を去った。

沖縄《おきなわ》野球《やきゅう》50年の道のり

■興南《こうなん》春夏連破《れんぱ》！　沖縄《おきなわ》が無敗《むはい》の王者になった夏

・東海大学付属相模高校《とうかいだいがくふぞくさがみこうこう》を圧倒《あっとう》 興南高校が夏の頂点に！

2010（平成22）年8月21日。舞台は第92回全国高校野球選手権大会の決勝戦。灼熱《しゃくねつ》のスタンドをぎっしりと埋めた4万7千人の観衆がかたずを飲んでマウンドを見つめる。その視線《しせん》の先に立つのは興南高校のエース左腕《さわん》・島袋洋奨投手《しまぶくろようすけとうしゅ》。9回裏2死走者なし。この年の春のセンバツを制した興南高校は、この夏の決勝戦でも神奈川県の強豪《きょうごう》・東海大学付属相模高校を序盤《じょばん》から圧倒《あっとう》し13対1と大量リード。首里高校《しゅりこうこう》が初出場した1958（昭和33）年から52年の時を越え、ついに沖縄勢悲願《ひがん》の夏の甲子園初優勝が「あとひとり」のところまでせまっている。

島袋投手はダイナミックなトルネード投法から140キロを超《こ》える自慢《じまん》のストレー

興南高校《こうなんこうこう》のエース左腕《さわん》・島袋洋奨《しまぶくろようすけ》投手。

トを投げ続ける。鍛《きた》えあげられた肉体がほこるスタミナは真夏の太陽にも負けない。「最後の打者にはこだわってきたストレートで勝負」。島袋投手《しまぶくろとうしゅ》はそう決めていた。球速があがる。そして運命の7球目。142キロのストレートに打者のバットが空を切った。

地響《じひび》きのような大歓声と高らかにひびく指笛《ゆびぶえ》につつまれ、どんなピンチでも冷静沈着《れいせいちんちゃく》だった島袋投手がほっとしたような笑顔で小さくガッツポーズを決める。堅守《けんしゅ》と強打で島袋投手を支えたナインがマウンドに駆け寄り、歓喜《かんき》の輪《わ》ができる。この瞬間《しゅんかん》、沖縄勢《おきなわぜい》の悲願《ひがん》は達成されたのだ。春夏連覇《れんぱ》という伝説とともに。

・春夏連覇を達成したのは、わずか7校

これまでに甲子園《こうしえん》で春夏連覇を達成したのは、わずか7校。1962（昭和37）年の作新学院高校《さくしんがくいんこうこう》（栃木《とちぎ》）。1966（昭和41）年の中京商業高校《ちゅうきょうしょうぎょうこうこう》（愛知《あいち》、現・中京大《ちゅうきょうだい》学付属中京高校《がくふぞくちゅうきょうこうこう》）。1979（昭和54）年の箕島高校《みしまこうこう》（和歌山《わかやま》）。1987（昭和62）年のPL学園高校《ピーエルがくえんこうこう》（大阪《おおさか》）。1998（平成10）年の横浜高校《よこはまこうこう》（神奈川《かながわ》）。2010

(平成22)年の興南高校《こうなんこうこう》(沖縄《おきなわ》)。2012(平成24)年の大阪桐蔭高校《おおさかとういんこうこう》(大阪《おおさか》)。歴史に名をきざんだ2010年の興南高校《こうなんこうこう》の戦いぶりはまさに「王者」と呼ぶにふさわしい強さだった。

・2010年春。「打てる興南」が甲子園《こうしえん》に戻ってきた

2010(平成22)年春、第82回選抜高校野球大会。興南高校は弱点といわれた打力をパワーアップさせて甲子園にもどってきた。前年は春夏とも2年生エースだった島袋投手《しまぶくろとうしゅ》の好投を打線が援護《えんご》できずに初戦で敗《やぶ》れていたのだ。関西高校《かんぜいこうこう》(岡山《おかやま》)との1回戦は、投げては島袋投手が14三振《さんしん》をうばい、打っては10安打。4対1で勝利し、雪辱《せつじょく》をはたした。

2回戦は優勝候補《ゆうしょうこうほ》の智辯《ちべん》学園和歌山高校《わかやまこうこう》(和歌山《わかやま》)を相手に、4番の我如《がね》古《こ》盛次《もりつぐ》選《せん》手《しゅ》の5安打を始め13安打を浴びせて7対2で快勝。足と小技を絡《から》めて逆転した5回裏の鮮やかな攻撃《こうげき》のように、持ち前の機動力も健在。ここに興南高校はダークホースとして名乗りをあげたのだ。

つづく準々決勝は名門・帝京高校《ていきょうこうこう》（東京《とうきょう》）を5対0で、準決勝は大垣日本大学高校《おおがきにほんだいがくこうこう》（岐阜《ぎふ》）を10対0というワンサイドゲームで撃破《げきは》。決勝戦に向け、興南高校《こうなんこうこう》のいきおいはピークに達していた。

・日本大学第三高校《にほんだいがくだいさんこうこう》との決勝は延長戦《えんちょうせん》に

そしてむかえた2010（平成22）4月3日。興南高校の宿舎《しゅくしゃ》近くの公園に咲《さ》くソメイヨシノが満開《まんかい》をむかえようとする春爛漫《はるらんまん》の昼下がりに、運命の決勝戦がはじまった。相手は豪打《ごうだ》の日本大学第三高校（東京）だ。ここまでの4試合で3本塁打《ほんるいだ》、41得点の日本大学第三高校打線は、島袋投手《しまぶくろとうしゅ》が相手《あいて》でもだまってはいない。興南高校は3回までに3点をうばわれる苦しい展開に。しかし、興南ナインの気力はおとろえない。「まだまだこれからだ！」。6回表に興南高校は4安打に盗塁《とうるい》を絡め一挙4得点で逆転。直後に追いつかれるものの、6回を終え、スコアは5対5。試合は振り出しに戻った。

試合はここから一転して投手戦になる。片足で階段を上がるトレーングをくりかえしてきた島袋投手《しまぶくろとうしゅ》のスタミナはおとろえない。尻上がりにストレートは球威《きゅうい》を増し、

7回以降《いこう》はわずか1本のヒットしかゆるさない。しかし、日本大学第三高校のエース・山﨑福也《やまさきさちや》投手も一歩もゆずらない。両エースの熱闘《ねっとう》がつづき、試合は延長戦《えんちょうせん》に突入した。

・興南高校《こうなんこうこう》初優勝《はつゆうしょう》！　沖縄勢が春3度目の栄冠《えいかん》を手にする

手に汗握《あせにぎ》る大接戦の幕切れは延長12回に訪れた。12回表、島袋投手《しまぶくろとうしゅ》を好リードで支えてきた山川大輔捕手《やまかわだいすけほしゅ》のタイムリー二塁打などで、興南高校は一挙5点をうばい試合の行方を決定づけたのだ。

それまで夏の甲子園ベスト4が最高成績《せいせき》だった興南高校の初優勝が目前となった12回裏、島袋投手は全14球をストレートで0点におさえた。熱闘198球。軍配は10対5で興南高校にあがった。

2008（平成20）年の沖縄尚学高校《おきなわしょうがくこうこう》以来となる、沖縄勢3度目のセンバツ優勝だ。この大会で我如古《がねこ》選手は13安打の大会最多安打タイ記録をマーク。我喜屋優監督《がきやまさるかんとく》が「50年前とはちがう。沖縄は全国レベル」と語ったように、智辯学園和歌山高校《ちべんがくえんわかやまこうこう》、帝《てい》京高校《きょうこうこう》、日本大学第三《にほんだいがくだいさん》高校という強豪校《きょうごうこう》を破っての優勝《ゆうしょう》は圧巻《あっかん》だった。

・帰ってきた伝説の男、我喜屋《がきや》優《まさる》監督《かんとく》

興南高校《こうなんこうこう》は１９９０年代から長い低迷期《ていめいき》に入っていた。そこで名門復活《ふっかつ》をたくされたのが我喜屋監督だったのだ。我喜屋監督は、１９６８（昭和43）年の夏の甲子園《こうしえん》で興南高校がベスト４に輝《かがや》いた時の主将《しゅしょう》で４番。卒業後は北海道の社会人チームで選手としても監督としても活躍《かつやく》した伝説の人物だった。

２００７（平成19）年に興南高校にもどってきた我喜屋監督は、時間厳守《じかんげんしゅ》、服装《ふくそう》、挨拶《あいさつ》、掃除《そうじ》など生活面の態度《たいど》から厳《きび》しく指導した。小さな決まりごとを必死に取り組むことを求めた。それがグラウンドでのひとつひとつのプレーに現れるとの信念があったからだ。そして競争をきらい、人と人が助け合うおおらかな沖縄の人達に流れる「なんくるないさ（なんとかなるさ）」という気質とはちがう規律正しさも求めた。我如古《がねこ》主将《しゅしょう》は「起きて、授業を受けて、練習して、寝《ね》る。私生活のすべてを試合だと思って過ごす」と大会中に語っている。沖縄勢本来の身体能力の高さに、規律正しい野球を融合《ゆうごう》させた興南高校《こうなんこうこう》は見事に復活《ふっかつ》。２０１０（平成22）年の春のセンバツに優《ゆう》

勝《しょう》してむかえた夏の沖縄大会を危なげなく勝ちあがると、当然ながら夏の甲子園《こうしえん》の優勝候補《ゆうしょうこうほ》一番手《いちばんて》にあげられる。

・興南高校 夏・優勝へ向けて好発進！

沖縄大会6試合をわずか3失点で勝ち上がった興南高校は、「春夏連覇《れんぱ》」を宣言《せんげん》して夏の甲子園《こうしえん》に乗りこんできた。自信をみなぎらせた興南高校は王者への道を堂々と歩んでいく。

通常、甲子園の1回戦は最終第4試合ともなるとスタンドの観客《かんきゃく》はまばらになることが多い。しかし大会4日目の第4試合は、3万6千人がスタンドに残っていた。もちろん興南高校の試合を観るためだ。

興南高校は1回戦で鳴門高校《なるとこうこう》（徳島《とくしま》）を9対0で退《しりぞ》けた。鳴門高校は優勝候補相手のプレッシャーから7失策《しっさく》で自滅《じめつ》した。2回戦は甲子園の常連校、明徳義塾高校《めいとくぎじゅくこうこう》（高《こう》知《ち》）を全員安打の8対2で下した。島袋《しまぶくろ》投手にとって甲子園10試合目となる3回戦。むかえうつ東北の雄《ゆう》、仙台育英学園高校《せんだいいくえいがくえんこうこう》（宮城《みやぎ》）は島袋《しまぶくろ》投手がこだわるストレートに狙いをさだめてきた。しかし島袋投手《しまぶくろとうしゅ》は真っ向勝負。6安打におさえ、4対1で試合をものにした。準々決勝の相手は、2000年代に入りめきめきと力をつけてきた聖《せい》光学院高校《こうがくいんこうこう》（福島《ふくしま》）。2回表に3点を失い、この大会で初めてのリードをゆるすが、興南高校《こうなんこうこう》はあわてない。聖光学院高校の2年生エース・歳内宏明投手《さいうちひろあきとうしゅ》（阪神《はんしん》）のキメ球であるスプリットをねらい打ちして4回途中《とちゅう》でノックアウトする。終わってみれば10対3と7点差がついていた。

・興南高校危《あや》うし……準決勝で待ちかまえる最大の敵《てき》

「やはり優勝は興南で決まりか」。危なげない試合運びにそんな声があがりはじめる。しかし、勝負の神様はそう甘くない。むかえた準決勝、興南高校は絶体絶命のピンチに追い込まれる。

準決勝の相手は春優勝2回、夏優勝1回の実績を誇る報徳学園高校《ほうとくがくえんこうこう》（兵庫《ひょうご》）。立ち上がりからコントロールが定まらない島袋投手に報徳打線がおそいかかる。バンドの構えで島袋投手をゆさぶりながら、2回までに3四球、5安打で5点をうばう。報徳学園高校・大西一成投手はカーブをたくみにあやつり4回まで興南打線《こうなんだせん》を0点におさえる。完璧《かんぺき》な報徳ペース。「興南が負ける……」。観客がざわめきはじめる。しかし、興南高校はあわてない。ひとつひとつのプレーをしっかりとやるだけ。私生活からきびしくきたえられてきた興南ナインの精神力は大ピンチにもゆらぐことはなかった。

・勝負あり 興南高校はやはり王者だった

反撃《はんげき》の牙《きば》をむいた興南高校は、5回から7回までの3イニングに我如古《がねこ》主将《しゅしょう》のタイムリーヒットを含む9安打を集中させ、6対5と大逆転。報徳学園高校《ほうとくがくえんこうこう》は忍び寄るプレッシャーと興南打線《こうなんだせん》の波状攻撃《はじょうこうげき》に持ちこたえることができなかった。立ち直った島《しま》袋投手《ぶくろとうしゅ》は3回以降を無失点におさえ、興南高校はそのまま逃げ切った。王者を追いつめた報徳学園高校との激闘《げきとう》は、この夏のベストゲームのひとつといえるだろう。

そしてむかえた決勝戦。13対1で東海大学付属相模高校《とうかいだいがくふぞくさがみこうこう》をやぶり、宣言《せんげん》通り春夏連《れん》覇《ぱ》を達成したこの日の戦いぶりは、興南高校の集大成《しゅうたいせい》だった。投手力、守備力《しゅびりょく》、打力、機動力、そして精神力。そのすべてにおいて他校に勝った2010(平成22)年の興南高校は、まさに王者と呼ぶにふさわしい歴史的なチームだった。

・苦難《くなん》を越え、ついに華開《はなひら》いた沖縄野球《おきなわやきゅう》

太平洋戦争末期に悲惨《ひさん》な沖縄戦の犠牲《ぎせい》となり、戦後はアメリカ軍の統治下《とうちか》に置かれた沖縄。経済的、地域的《ちいき》なハンデを克服《こくふく》して、沖縄の高校が本土（※沖縄の人達は、沖縄以外の都道府県のことを本土《ほんど》と呼ぶ）の強豪校《きょうごうこう》をおしのけて優勝《ゆうしょう》するまでには想像を絶する苦労があった。

1999（平成11）年と2008（平成20）年にセンバツを制した沖縄尚学高校《おきなわしょうがくこうこう》につづき、興南高校《こうなんこうこう》が悲願の夏の甲子園優勝《こうしえんゆうしょう》を春夏連覇《れんぱ》で達成した2010（平成22）年に、沖縄勢はついに本土の強豪校を追いこしたのだ。2010（平成22）年の夏の甲子園決勝戦の後、我如古《がねこ》主将《しゅしょう》は「県民みんなで勝ち取った勝利」と胸《むね》を張《は》った。

興南高校《こうなんこうこう》を率《ひき》いた名将《めいしょう》我《が》喜《き》屋《や》優《まさる》監督《かんとく》。

■アメリカ軍統治下《とうちか》の戦後から立ちあがった沖縄《おきなわ》の高校野球

・悲惨《ひさん》な傷跡《きずあと》を残した沖縄戦

沖縄に野球が伝えられたのは1894（明治29）年。沖縄中分校《おきなわちゅうぶんこう》（後の沖縄一中《おきなわいっちゅう》。現・首里高校《こうこう》）の生徒《せいと》が京都《きょうと》から野球道具を持ち帰ったのが最初とされている。しかし、かぎられた学校に野球部ができただけで、対戦相手を見つけるにも苦労する状況《じょうきょう》がつづいた。

さらに太平洋戦争《たいへいようせんそう》がはじまり高校野球どころではなくなった。太平洋戦争末期の1945（昭和20）年にアメリカ軍が沖縄に上陸。この一般市民を巻きこんだ悲惨な沖縄戦は、沖縄に深い傷《きず》を残した。日本政府と軍部は沖縄を犠牲《ぎせい》にして、アメリカ軍の本土上陸をおくらせようとした。雨あられと降りそそぐ爆弾《ばくだん》をかいくぐり、洞穴《ほらあな》に逃げこんだ人々は火炎放射機《かえんほうしゃき》であぶりだされた。また多くの人がアメリカ軍の捕虜《ほりょ》になることを恐れ、自ら命を絶《た》った。この沖縄戦で亡《な》くなった民間人は9万4千人といわれている。

このような悲惨《ひさん》な状況《じょうきょう》で終戦をむかえた沖縄《おきなわ》は、戦後しばらく米軍の占領下《せんりょうか》に置かれることになる。沖縄が本土《ほんど》に復帰《ふっき》したのは、終戦から27年経った1972（昭和47）年のことだった。

・プレーボール！　平和な青空の下で高校野球が再開された

米軍統治下《べいぐんとうちか》で高校野球が再開《さいかい》された。1946（昭和21）年に第1回全島高等学校《ぜんとうこうとうがっこう》野球大会が開かれる。優勝は首里高校《しゅりこうこう》だった。ただ、沖縄戦で痛手《いたで》を負った沖縄の経済状況はとてもきびしいものだったので、当然ながら野球用具も十分にそろわず、本土の強豪校から大きなおくれをとっていた。それでも沖縄の高校生は平和がもどった青空のもと、野球ができる喜《よろこ》びを体いっぱい感じながら、練習に打ちこんだ。

1953（昭和28）年には沖縄予選がはじまり、ようやく甲子園《こうしえん》への道が目の前に開けた。しかし、当時の夏の甲子園は今のように全国49地区から代表が出られるわけではなかった。沖縄の高校は2次予選にあたる東九州大会を勝ちぬかなければ甲子園に出場できなかったのだが、いつもその壁にはじきかえされた。沖縄勢にとって甲子園はるかかなただったのだ。

・首里《しゅり》高校《こうこう》が沖縄《おきなわ》からはじめて甲子園《こうしえん》に

1958(昭和33)年の夏。ついに首里高校が念願《ねんがん》の夏の甲子園《こうしえん》初出場をかなえる。第40回の記念大会として各都道府県から1校ずつの出場が認められたのだ。この特例は「高校野球の父」こと佐伯達夫《さえきたつお》氏《し》(第3代日本高校野球連盟会長《にほんこうこうやきゅうれんめいかいちょう》)が、沖縄の高校を甲子園に出場させるために設けたともいわれている。選手宣誓《せんしゅせんせい》の大役には首里高校の仲宗根弘主将が指名された。全国の人々が首里高校の健闘《けんとう》を祈《いの》った。当時の沖縄は後進県ということでいわれなき差別も受けたが、一方では人々の心に沖縄への「罪滅《つみほろ》ぼし」の情が流れていたのだ。

当時の沖縄にはフェンスのある球場がなかった。そのため首里高校は鹿児島《かごしま》の県立鴨池球場《かもいけきゅうじょう》に立ち寄《よ》り、外野のフェンスにはね返るボールを捕球する練習を行ってから甲子園に乗りこんだという。

・全国から祝福《しゅくふく》された首里《しゅり》のはつらつプレー

1958（昭和33）年8月9日。首里ナインがあこがれの甲子園《こうしえん》のグランドに立つ。相手は北陸の高校野球界をリードする敦賀商業高校《つるがしょうぎょうこうこう》（福井《ふくい》）だ。沖縄《おきなわ》では県民がみな仕事を中断し、ラジオの前に集まっては沖縄の子ども達の勇姿をまぶたにうかべながら応援していた。首里高校はハンデをものともせずに善戦《ぜんせん》。はつらつとしたプレーのひとつひとつに大歓声がわく。惜しくも0対3で敗れたものの、沖縄の高校野球は大きな一歩を踏みだした。

さわやかな印象を残して甲子園を去る首里高校。だが、このあと悲劇《ひげき》が選手達を待ちうけていた。出場の記念に持ち帰った「甲子園の土」が那覇港《なはこう》の海にすてられてしまったのだ。米軍統治下《べいぐんとうちか》にあった沖縄では、「外国」の土を持ちこむことは植物検疫《しょくぶつけんえき》法《ほう》で禁止されていたからだ。しかし、この騒動に心を痛めた日本航空《にほんこうくう》のスチュワーデスが植物検疫法に触れない「甲子園《こうしえん》の石」を首里高校にプレゼント。選手達はこのプレゼントに喜《よろこ》び、今もその時の石が入っていた箱は、首里高校の校庭にかざられている。

・初勝利をめざせ！

首里高校《しゅりこうこう》の戦いぶりに感化され、沖縄勢《おきなわぜい》にとって初勝利は現実的な目標となった。1962（昭和37）年夏、「沖縄戦後最強」と期待された沖縄高校《おきなわこうこう》（現・沖縄尚学高校《おきなわしょうがくこう》）が南九州大会《みなみきゅうしゅうたいかい》を勝ちぬき、夏の甲子園《こうしえん》に出場。エースは後に広島東洋《ひろしまとうよう》カープに進み119勝を挙げた安仁屋宗八投手《あにやそうはちとうしゅ》。名門・広陵高校《こうりょうこうこう》（広島《ひろしま》）との対決に沖縄出身者1万の大応援団《だいおうえんだん》がつめかける。兵庫沖縄県人会《ひょうごおきなわけんじんかい》の若者達《わかものたち》がリーダーとして応援団《おうえんだん》を引っ張る。日本大学第三高校《にほんだいがくだいさんこうこう》（東京《とうきょう》）、鹿児島商業高校《かごしましょうぎょうこうこう》（鹿児島《かごしま》）、報徳学園高校《ほうとくがくえんこうこう》（兵庫《ひょうご》）のブラスバンドが友情応援《おうえん》を買ってでた。沖縄は名門相手に互角の勝負の末、4対6で惜敗《せきはい》するも、「全国で戦える」という自信を沖縄高校の球児《きゅうじ》に与えた。

・首里高校が念願《ねんがん》の初勝利を挙げる！

そして、1963（昭和38）年8月13日。第45回全国高校野球選手権大会第4日。

沖縄勢初《おきなわぜいはつ》勝利の瞬間《しゅんかん》がやってくる。沖縄の念願《ねんがん》を成しとげたのは、沖縄勢ではじめて甲子園《こうしえん》出場をはたした首里高校《しゅりこうこう》だった。この年の春のセンバツではＰＬ学園高校《ピーエルがくえんこうこう》（大阪）に21三振《さんしん》をうばわれ完敗を喫《きっ》した首里高校だったが、経験を積んだ首里ナインはのびのびと本来の力を発揮。シーソーゲームの末に日本大学山形高校《にほんだいがくやまがたこうこう》（山形《やまがた》）に４対３で逆転勝利をおさめたのだ。京阪神から集まった１万人の沖縄出身者と、大阪の８つの高校、中学校のブラスバンドからなる大応援団《だいおうえんだん》は総立ちで歓喜《かんき》の声をあげる。みんなの頬《ほお》を涙が伝った。

■やればできる！　興南旋風《こうなんせんぷう》が甲子園に吹きあれた！

つづいて１９６８（昭和43）年夏。第50回全国高校野球選手権大会では「興南旋風」がまきおこる。興南高校がベスト４に進出し、全国の高校野球ファンを驚かせたのだ。興南高校は沖縄駐留米軍の下士官の父と基地労務者の母との間に生まれた21歳《さい》の青年、瀬長實監督《せながみのるかんとく》がひきいるチームだった。当時の朝日新聞は瀬長監督のことを「たくましい反逆児《はんぎゃくじ》」と記している。

「どんどん押しまくれ」という瀬長監督《せながかんとく》の負けん気を受けて、興南高校《こうなんこうこう》は快進撃《かいしんげき》。安《あ》次嶺《しみね》信一投手と4番で主将の我喜屋優選手《がきやまさるせんしゅ》（現・興南高校監督《こうなんこうこうかんとく》）が中心となり、岡谷《おかや》工業高校《こうぎょうこうこう》（長野《ながの》）を5対3、岐阜南高校《ぎふみなみこうこう》（岐阜《ぎふ》）を8対5、海星高校《かいせいこうこう》（長崎《ながさき》）を4対0、盛岡第一高校《もりおかだいいちこうこう》（岩手《いわて》）を10対4で次々と撃破《げきは》。準決勝でその年の優勝校、興國高校《こうこくこうこう》（大阪《おおさか》）の前に力尽《ちからつ》きるものの、それまで甲子園《こうしえん》で1勝しかしていなかった沖縄勢として準決勝進出の快挙《かいきょ》を成しとげたのだ。

2回戦の岐阜南高校戦。興南高校は合い言葉の「魂《こん》・知《ち》・和《わ》」を胸に、不屈《ふくつ》の闘志《とうし》で4点差をひっくり返し、逆転勝利をおさめた。瀬長監督《せながかんとく》は「沖縄《おきなわ》の人達にやればできるんだという希望をあたえられた」とこの試合を振りかえった。

■沖縄《おきなわ》野球がたたきつけた本土への挑戦状《ちょうせんじょう》

・栽弘義監督《さいひろよしかんとく》の挑戦

1970年代に入ると全国制覇《ぜんこくせいは》を目指す高校が沖縄からあらわれるようになった。まず名乗りをあげたのが栽弘義監督のひきいる豊見城高校《とみしろこうこう》だ。「技術も戦術も経験も勝《まさ》る本土の強豪校に追いつき、追い越す」、「高校野球を通して沖縄に希望をあたえる」。栽監督の目標は明確だった。

1971（昭和46）年に豊見城高校の監督に就任《しゅうにん》した栽監督は、猛特訓《もうとっくん》を選手に課した。手作りの器具でウエートトレーニングをいち早く取り入れ、パワーとスピードをきたえた。おおらかな沖縄の選手達にきめ細やかな戦術を植えつけようとした。きびしい指導ぶりに批判《ひはん》も向けられたが、栽監督は補欠《ほけつ》の選手の就職先《しゅうしょくさき》を必死に探すなど、親身になって選手達の面倒《めんどう》をみたことは伝えておきたい。

栽監督に鍛《きた》えあげられた豊見城高校《とみしろこうこう》は1975（昭和50）年のセンバツに出場し、ベスト8まで勝ちあがる。1976（昭和51）年の夏から1978（昭和53）年の夏にかけては、6季連続で甲子園《こうしえん》に出場。この間、夏は3年連続ベスト8に進出するなど好成績《こうせいせき》を残した。「沖縄《おきなわ》に豊見城《とみしろ》あり！」。全国に豊見城高校《とみしろこうこう》の名はとどろいた。

・原辰徳《はらたつのり》を追いつめた赤嶺賢勇《あかみねけんゆう》

黄金期の豊見城高校にはわすれられない2人の名選手がいる。エース・赤嶺賢勇投手《あかみねけんゆうとうしゅ》（元巨人《きょじん》）と、強打でならした石嶺和彦捕手《いしみねかずひこほしゅ》（元阪急《はんきゅう》ほか）だ。

赤嶺投手の武器はやわらかくバネのあるフォームから投げこむキレのいいストレートと大小の2種類のカーブ。そして、抜群《ばつぐん》のコントロールだった。1975（昭和50）年のセンバツでは1回戦で優勝候補の習志野高校《ならしのこうこう》（千葉《ちば》）を2安打完封《かんぷう》。準々決勝では1対2で惜敗《せきはい》するものの、原辰徳選手《はらたつのりせんしゅ》（元巨人《きょじん》）らスター選手がそろった東海《とうかい》大学付属相模高校《だいがくふぞくさがみこうこう》（神奈川《かながわ》）を最後まで苦しめた。2007（平成19）年に亡《な》くなった栽監督《さいかんとく》は「いろいろな投手を育てたが、一番はやっぱり賢勇《けんゆう》」と、生前に赤嶺投手をほめている。

赤嶺投手の後をついで豊見城高校をひっぱった石嶺選手《いしみねせんしゅ》の時代も、1977（昭和

◀バネのあるフォームから投げこむエース・赤嶺《あかみね》賢勇《けんゆう》投手。

▼強打でチームを引っぱる石嶺《いしみね》和彦《かずひこ》選手。

52）年の夏に名門・広島商業高校《ひろしましょうぎょうこうこう》（広島）に1対0で勝利。この勝利は「緻密《ちみつ》な野球でも負けない」という沖縄勢《おきなわぜい》のレベルアップを証明《しょうめい》した戦いだった。

■目標は全国制覇《ぜんこくせいは》 1980年代の2強時代

全国クラスの強豪県《きょうごうけん》と目されるようになった沖縄は、1980年代に興南高校《こうなんこうこう》と、栽監督《さいかんとく》が転任した沖縄水産高校《おきなわすいさんこうこう》の2強時代を迎《むか》える。1980（昭和55）年から1983（昭和58）年までは興南高校が4年連続で、1984（昭和59）年から1988（昭和63）年までは沖縄水産高校が5年連続して夏の甲子園《こうしえん》に出場。興南高校は1980（昭和55）年の夏に竹下浩二《たけしたこうじ》投手（元大洋《たいよう》）を擁《よう》してベスト8。沖縄水産高校は1986（昭和61）年の夏に上原晃《うえはらあきら》投手（元中日《ちゅうにち》ほか）を擁してベスト8、1988（昭和63）年の夏に平良幸一《たいらこういち》投手（元西武《せいぶ》）を擁してベスト4に進出する活躍《かつやく》をみせた。

このころの沖縄勢の悲願《ひがん》は「強豪校と対等に戦うこと」から「全国制覇《ぜんこくせいは》」へと確実《かくじつ》に変わっていった。「全国制覇」をかけた沖縄勢のさらなる激闘《げきとう》がはじまろうとしていたのだ。

■死闘《しとう》・沖縄水産高校《おきなわすいさんこうこう》!!　2年連続夏の決勝で夢が散る

・1990年夏　優勝候補《ゆうしょうこうほ》は大型《おおがた》チームの沖縄水産高校！

1963（昭和38）年に首里高校《しゅりこうこう》が甲子園で初勝利《はつしょうり》をあげてから27年目。ついに沖縄勢が初優勝にリーチをかけた。1990（平成2）年の夏。第72全国高校野球選手権で、栽監督《さいかんとく》が鍛《きた》えあげた沖縄水産高校が決勝に進出したのだ。エースで4番の神谷《かみや》善治《よしはる》投手、ライトで控《ひか》え投手の大野倫選手《おおのりんせんしゅ》（元巨人《きょじん》ほか）、1番サードの新里紹也《しんざとしょうや》選手（元ダイエーほか）ら全国クラスの選手をそろえた大型《おおがた》チームは、優勝候補の一角だった。

栽監督は幼少時《ようしょうじ》に沖縄戦を体験し、その時、背中《せなか》にやけどを負っている。その戦争の最中に姉を亡《な》くしている。戦後、貧しさの中で野球に出合った栽少年は心をときめかした。米軍基地から聴《き》こえてくるメジャーリーグの風景にあこがれた。そして高校野球に「生き残った命」をかけ、本土にコンプレックスを持つ沖縄の人々の心をずっと鼓舞《こぶ》してきたのだ。

沖縄水産高校《おきなわすいさんこうこう》は高崎商業《たかさきしょうぎょう》高校（群馬）を7対1、甲府工業高校《こうふこうぎょうこうこう》（山梨《やまなし》）を12対5、八幡商業高校《はちまんしょうぎょう》（滋賀《しが》）を5対2、横浜商業高校《よこはましょうぎょうこうこう》（神奈川《かながわ》）を8対5、山陽高校《さんようこうこう》（広島《ひろしま》）を6対1で次々に破った末、決勝戦にたどりつく。そこで待ちかまえていたのは、強豪《きょうごう》の天理高校《てんりこうこう》（奈良《なら》）。しかし、沖縄の人々はもちろん、全国の高校野球ファンの多くが投打のかみあった沖縄水産高校の優勝《ゆうしょう》を予想していた。

・内容で勝ち、勝負に負けた沖縄水産高校

8月21日。日本中が注目する中、決勝戦がはじまった。沖縄が本土《ほんど》に復帰《ふっき》した1972（昭和47）年に生まれた神谷投手が4連投ながら気力を振りしぼって天理打線《てんりだせん》をおさえる。一方、天理高校のエース・南竜次投手《みなみりゅうじとうしゅ》（元日本《にっぽん》ハム）も一歩も譲らず、試合は息詰まる投手戦となった。

スタンドからは沖縄民謡《おきなわみんよう》に乗って指笛《ゆびぶえ》がヒューヒューと鳴りひびく。沖縄びいきの大歓声が甲子園をつつむ。沖縄の大きな青空から風が吹きこんできたかのように、甲子園が沖縄色に染まっていく。声援《せいえん》に後押《あとお》しされた沖縄水産高校は8安打を重ね攻め

まくる。しかしホームベースが遠い……。神谷投手《かみやとうしゅ》は天理打線《てんりだせん》を5安打におさえるものの、結局は4回表に犠牲《ぎせい》フライで失った1点が決勝点となり0対1でゲームセット。沖縄水産高校は敗《やぶ》れ去《さ》った。

天理高校の橋本武徳監督《はしもとたけのりかんとく》は試合後に「内容では完敗。ただ勝負に勝っただけです」というコメントを残した。健闘《けんとう》をたたえる拍手《はくしゅ》と歓声の中、沖縄《おきなわ》の悲願達成《ひがんたっせい》はおあずけに。「今度こそ全国制覇だ」。沖縄水産《おきなわすいさん》ナインは決意を胸に再スタートを切った。

・沖縄水産 伝説の夏が始まった……

翌《よく》1991（平成3）年の夏。第73回全国高校野球選手権大会に沖縄水産高校は戻ってきた。この大会で注目されたのは三澤興一投手《みさわこういちとうしゅ》（元巨人《きょじん》ほか）の帝京高校《ていきょうこうこう》（東《ひがし》東京《とうきょう》）、上田佳範《うえだよしのり》投手（元日本ハムほか）の松商学園高校《まつしょうがくえんこうこう》（長野《ながの》）、松井秀喜選手《まついひできせんしゅ》（元ヤンキースほか）が4番に座《すわ》る星稜高校《せいりょうこうこう》（石川《いしかわ》）、高木大成捕手《たかぎたいせいほしゅ》（元西武《せいぶ》）の桐蔭学園高校《とういんがくえんこうこう》（神奈川《かながわ》）など。沖縄水産高校の前評判は低かったが、それでもエース・大野倫投手《おおのりんとうしゅ》はプロのスカウトも注目する好投手で、「今度こそ」と沖縄の人達は沖縄水産高校の活躍《かつやく》を期待していた。

しかし……。大黒柱、大野投手《おおのとうしゅ》の右ヒジは痛みで限界《げんかい》に達していた。沖縄大会中から痛みをかかえて力投した無理がたたったのだ。それでも大野投手はマウンドをゆずるつもりはなかった。そして、栽監督《さいかんとく》も大野投手の気持ちを制止することはなかった。

こうして沖縄水産伝説の夏の甲子園《こうしえん》がはじまった。

右ヒジの痛みをかかえながらも力投する大野倫《おおのりん》投手。

・壊《こわ》れた右ヒジのエースをささえ死力を尽《つ》くす沖縄水産高校《おきなわすいさんこうこう》

自慢《じまん》のストレートが20キロ近くおそい。右ヒジを伸ばす際に痛みが走るため、負担《ふたん》の少ないカーブに頼らざるを得ない。大野《おおの》投手の苦闘《くとう》の投球が続く。この大ピンチに沖縄水産ナインは一丸となって立ち向かう。北照高校《ほくしょうこうこう》（南北海道《みなみほっかいどう》）に4対3、明徳義塾《めいとくぎじゅく》高校《こうこう》（高知《こうち》）に6対5、宇部商業高校《うべしょうぎょうこうこう》（山口《やまぐち》）に7対5、柳川高校《やながわこうこう》（福岡《ふくおか》）に6対4、鹿児島実業高校《かごしまじつぎょうこうこう》（鹿児島《かごしま》）に7対6。沖縄水産高校は死力を尽くして打ち勝っていった。

宿舎では栽監督《さいかんとく》が大野投手の右ヒジを懸命《けんめい》にマッサージした。しかし準々決勝の柳川高校戦からもう右ヒジの感覚は失われていた。痛みのせいで箸《はし》をうまく持つことすらできないあり様だった。しかし、大野投手は泣《な》き言《ごと》をいわず耐《た》えつづけ、ついに大《おお》阪桐蔭高校《さかとういんこうこう》（大阪《おおさか》）との決勝戦のマウンドまでたどり着いたのだ。

・気迫みなぎる沖縄水産ナイン　決勝戦の序盤《じょばん》は打ち合いに

この夏の大会のさなかにソ連ではクーデターが起き、新聞やテレビは毎日、そのニュースでうめつくされていた。何かが起きそうな気配がしていた。

8月21日の昼下がり。伝説の決勝戦のプレーボールが告げられる。マウンドには投手生命を捨てる覚悟で4連投のエースが立っている。「ここは俺の場所だ」とばかりに。エースの意地をかけて。青春の日々をかけて。

1回裏。大野投手はいきなり先頭打者に二塁打《るいだ》を打たれる。2死三塁となって打席に立ったのは強打者の萩原誠《はぎわらまこと》選手（元阪神《はんしん》ほか）だ。「大野君のヒジはボロボロ。正直見ていて気の毒でした」。後にそう語った萩原選手は、この大会3本目のホームランをライトラッキーゾーンに放った。

いきなり2点を先制されるも、激戦をくぐり抜けてきた捨て身の沖縄水産《おきなわすいさん》ナインはひるまない。栽監督《さいかんとく》から「まじめすぎる。精神的にひ弱」といわれ続けてきた世代の選手たちだったが、気迫《きはく》をむき出しにてグラウンドを駆《か》けまわる。3回表に沖縄水産高校の攻撃が爆発。目を見張る集中打を浴びせたこの回、一挙《いっきょ》5点を挙げ、6対2と試合をひっくり返した。

・これまでか……引きはなされる沖縄水産高校《おきなわすいさんこうこう》

沖縄水産高校のある港町、糸満《いとまん》の漁協《ぎょきょう》センターの大型《おおがた》モニターの前には、海の男たちをはじめ300人が集《つど》い、太鼓《たいこ》を打ち鳴らし、指笛をならして観戦していた。

4回が終わって7対4と沖縄水産高校が3点リード。しかし5回裏に大阪桐蔭高校は怒濤《どとう》の反撃を開始。大野投手《おおのとうしゅ》はセーフティーバントの打球を懸命《けんめい》に拾《ひろ》うも、もはや一塁への送球すらままならない。この回、大阪桐蔭高校は打者10人の猛攻《もうこう》で6点をあげ10対7と逆転に成功《せいこう》した。

その後、沖縄水産高校が追いつくことはなかった。しかし、大野投手は曲がったままの右ヒジで粘り強く投げ続け、沖縄水産ナインは懸命のプレーを続けた。スタンドでは物心が着いた頃から「野球部のグラウンドが遊び場だった」という栽監督《さいかんとく》の長女で、糸満高校《いとまんこうこう》3年生の志織《しおり》さんがベンチの父を見守っていた。

9回表。沖縄水産高校は最後の攻撃に向かう。8対13と5点のビハインド。大野投手が打席に向かう。4番打者としてもチームを引っ張ってきた。「大野！　大野！」。観客席から大野コールが巻き起こる。大野投手がヒジの痛みをこらえて投げ続けてきたことを、観客《かんきゃく》は知っていたのだ。結果ショートゴロ。ベンチに戻る大野投手の背中に大きな拍手《はくしゅ》が降《ふ》りそそいだ。ファーストの具志川和成選手《ぐしかわかずなりせんしゅ》は決勝戦のマウンドにいたいという倫《りん》のつ大野投手の姿をこう語った。「どんだけ打たれてもマウンドにいたいという倫のオーラ、だれにもまねできない」と。

最後の打者がフルカウントからファウルでねばる。しかし、沖縄水産高校の夏は終わろうとしている。鬼《おに》とおそれられた裁監督《さいかんとく》が笑顔《えがお》でうなずく。ベンチの選手が大声でさけんでいる。この大会で773球を投じた大野投手《おおのとうしゅ》だけが「すべては終わった」とでもいいたげな表情で静かにたたずんでいる。ゲームセット。強烈な印象を残して、2年連続準優勝という記録を手に沖縄水産高校は甲子園《こうしえん》を去った。

・たかが野球に命を賭《か》けるつもりで投げました

この試合をきっかけに、甲子園では出場投手の健康管理が義務《ぎむ》づけられることとなった。故障《こしょう》を抱えた大野投手に投げさせ続けた裁監督には批判《ひはん》が集まった。非情な勝負師だと。しかし、大野投手はいう。「たかが野球に命を賭けるつもりで投げていました」、「栽先生《さいせんせい》が最後まで投げさせてくれたことは本当に感謝《かんしゃ》しています。逆におろされていたら、ヒジがこわれたうえに中途半端《ちゅうとはんぱ》になってしまい、それこそ遺恨《いこん》が残ったかもしれません」と。栽監督が勝負に徹《てっ》するなら決勝戦は、別の投手に投げさせることもできたはずだ。このふたりの間に流れる感情は他人にはうかがいしれないほど深いものがある。

鬼《おに》とおそれられたこともあった栽弘義監督《さいひろよしかんとく》。

■沖縄《おきなわ》悲願《ひがん》の初優勝を成しとげた沖縄尚学高校《おきなわしょうがくこうこう》

・ダークホース・沖縄尚学高校がセンバツで躍動《やくどう》

沖縄水産高校の激闘後《げきとうご》、沖縄の高校野球界は群雄割拠《ぐんゆうかっきょ》をむかえる。1997（平成9）年に浦添商業高校《うらそえしょうぎょうこうこう》がベスト4になるも、沖縄勢としてはやや物足りない成績が続いていた。そんな沈滞《ちんたい》ムードをやぶり、新時代の扉《とびら》を開けたのが沖縄尚学高校だ。

1999（平成11）年の春。第71回選抜高校野球大会に沖縄尚学高校が出場。栽監《さいかん》督《とく》の教え子でもある金城孝夫監督《きんじょうたかおかんとく》がひきいて、比嘉公也投手《ひがこうなりとうしゅ》（現・沖縄尚学高校監督）と4番ショートの比嘉寿光選手《ひがとしみつせんしゅ》（元広島《ひろしま》）を中心にした好チームは、あれよあれよと勝ち進んでいった。

1回戦は比嘉投手が比叡山高校《ひえいざんこうこう》（滋賀《しが》）のエース・村西哲幸投手《むらにしてつゆきとうしゅ》（元横浜《よこはま》）との投手戦を制し、3安打完封《かんぷう》の1対0で勝利。花冷えのする肌寒《はだざむ》さの中で行われた2回戦では浜田高校《はまだこうこう》（島根《しまね》）を5対3でしりぞける。沖縄勢にとって難敵《なんてき》の寒さを克服《こくふく》した金城監督《きんじょうかんとく》は「寒い中で勝てたのは自信になる」と喜んだ。準々決勝の市川高校（山梨）戦には、捻挫《ねんざ》した比嘉投手《ひがとうしゅ》に代わって背番号12の照屋正悟投手《てるやしょうごとうしゅ》が先発。4対2でしぶとく勝利をおさめた。

・優勝候補《ゆうしょうこうほ》・ＰＬ《ピーエル》学園高校《がくえんこうこう》を準決勝で下す！

むかえた準決勝はセンバツの歴史に残る大激戦《だいげきせん》となる。相手は3回戦で横浜高校《よこはまこうこう》（神奈川《かながわ》）を下しいきおいに乗るＰＬ学園高校（大阪《おおさか》）だ。優勝候補とがっぷり四つに組んだ沖縄尚学高校《おきなわしょうがくこうこう》はシーソーゲームを展開。相手エースを打ちくずし3点をリードするものの、7回裏に追いつかれて5対5のまま試合は延長戦《えんちょうせん》に突入。最後に勝負を決めたのはエースの比嘉投手《ひがとうしゅ》だった。12回表に決勝打をたたき出し、投げては8対6で完投勝利。最後の打者は得意のクロスファイヤーで見逃しの三振《さんしん》に切って取った。

・決勝のマウンドは背番号12にたくされた

4月4日。沖縄悲願の初優勝をかけた3度目の戦いがめぐってきた。沖縄水産高校

2度目の準優勝から8年。水戸《みと》商業高校《しょうぎょうこうこう》（茨城《いばらき》）との決勝戦の幕が開けた。沖縄尚学《おきなわしょうがく》高校《こうこう》のマウンドに立つのは背番号12の照屋投手《てるやとうしゅ》。前日のPL学園高校戦《ピーエルがくえんこうこうせん》で２１２球を投げ、連投の疲れがたまっていた比嘉投手《ひがとうしゅ》は、金城監督《きんじょうかんとく》に「大学で野球をやりたいなら、ここで投手生命を終わらせるな」と説得《せっとく》され決勝戦はベンチにひかえている。決勝戦の行方は、前年の秋まで「背番号1」を背負《せお》っていた照屋投手にたくされた。

・春の陽光《ようこう》に祝福《しゅくふく》され沖縄が全国の頂点に！

この起用に照屋投手は燃え、2回に2点を先制されるも、以降は無失点で水戸商打《みとしょうだ》線《せん》を沈黙《ちんもく》させる。好調な打線も水戸商業高校のアンダースロー・三橋孝裕投手《みつはしたかひろとうしゅ》を攻略《こうりゃく》。ここまで１２０キロに満たないストレートと80キロ台のカーブで打者を幻惑《げんわく》してきた三橋投手から小刻《こきざ》みに得点を重ね、7対2で試合は最終回の2死に。「今度こそ優勝だ！」。快挙を目前にどよめくスタンド。手拍子《てびょうし》とあいまって歓声が球場をつつむ。最後までひとりで投げ切る意地を秘めた照屋投手の球威《きゅうい》は落ちない。

沖縄の夢を乗せた最後の１球が投げこまれた。照屋投手は外角低めのストレートで最後打者をセンターフライに打ちとった。沖縄尚学側《おきなわしょうがくがわ》のスタンドから起こったウェーブが水戸商側《みとしょうがわ》のスタンドもまきこみながら一周する。１９５８（昭和33）年に首里高《しゅりこう》校《こう》が初出場してから41年。春のさわやかな陽光《ようこう》のなか、日本中の人々に祝福《しゅくふく》され、ようやく沖縄の高校が甲子園《こうしえん》の頂点《ちょうてん》に立ったのだ。

・沖縄尚学高校　伝説第2章のはじまり

沖縄尚学高校の伝説には続編がある。初優勝《はつゆうしょう》の立役者《たてやくしゃ》、比嘉投手《ひがとうしゅ》は愛知学院大学《あいちがくいんだいがく》の野球部に進んだものの、残念なことに結局ヒジを痛めて満足に投げることができなくなってしまった。しかし、比嘉投手はコーチの勉強をかさね、野球の道をあきらめなかった。

沖縄尚学高校に戻った比嘉投手は２００６（平成18）年に監督《かんとく》に就任《しゅうにん》。ここに比嘉監督が誕生《たんじょう》した。甲子園のヒーロー比嘉投手にあこがれた小学生たちは高校生となり、比嘉監督のもとに集った。沖縄尚学高校は新しいスタートを切ったのだ。

・奇跡《きせき》は2度起こった！　沖縄尚学高校《おきなわしょうがくこうこう》2度目のセンバツ優勝！

２００８（平成20）年の第80回選抜高校野球大会。伝説がよみがえる。好投手、東浜巨《ひがしはまなお》投手《とうしゅ》（ソフトバンク）を擁《よう》した沖縄尚学高校《おきなわしょうがくこうこう》が沖縄に２度目の栄冠《えいかん》をもたらしたのだ。

１回戦は初回にボークでうばった１点を守りぬき、聖光学院高校《せいこうがくいんこうこう》（福島《ふくしま》）に１対０で勝利。２回戦では明徳義塾高校《めいとくぎじゅくこうこう》（高知《こうち》）を３対１で振り切る。準々決勝はかつて沖縄水産高校が屈《くっ》した天理高校《てんりこうこう》（奈良《なら》）に４対２。新チームになった前年の秋以降、一度もバントを失敗《しっぱい》していない伊志嶺大地選手《いしみねだいちせんしゅ》のスクイズで５回に決勝点をうばいとった。準決勝では、ここまで１失点で勝ちあがってきた東洋大学附属姫路高校《とうようだいがくふぞくひめじこうこう》（兵庫《ひょうご》）に４対２で劇的《げきてき》な逆転勝ち。決勝戦では聖望学園高校《せいぼうがくえんこうこう》（埼玉《さいたま》）を９対０のワンサイドゲームで下し、２度目のセンバツ優勝を勝ちとったのだ。

名立たる強豪校《きょうごうこう》を、沖縄尚学高校は完成度の高い野球で連破《れんぱ》した。もはや「はまった時の爆発力はすごいけれどもきめこまかい野球は苦手」と呼ばれた、かつての沖縄の野球のすがたはなかった。

決勝を終えた比嘉監督《ひがかんとく》の「野球をきらいになれない。どんな形でもいいから携《たずさ》わりたかった」という言葉が人々の心を打った堂々の優勝《ゆうしょう》だった。

■全国屈指《ぜんこくくっし》の強豪県《きょうごうけん》となった沖縄《おきなわ》の活躍《かつやく》はつづく

・平成に入り優勝《ゆうしょう》4回、準優勝2回

今日までの沖縄勢の成績《せいせき》は92勝75敗。この勝ち星のほとんどが1970年半ば以降にあげられていることを見ても沖縄勢の躍進《やくしん》がわかろうというものだ。

特に平成の時代になってからは、優勝が4回、準優勝が2回、ベスト4が3回という目覚ましい好成績を残している。2010（平成22）年に春夏連覇《れんぱ》を成しとげた興《こう》南高校《なんこうこう》は「王者」とまで呼ばれるようになった。

米軍統治下《べいぐんとうちか》の沖縄で、首里高校《しゅりこうこう》が初出場したころは甲子園《こうしえん》に移動するだけでひと苦労だった。予防接種を受け、パスポートを手に船で鹿児島へ。入国審査を通過して、そこから汽車で2日間かけて甲子園にやってこなければならなかったからだ。

もともと、おおらかな沖縄の人々のメンタリティーは、1点を争う野球に向いてな

いといわれた。経済的な豊かさにめぐまれなかった中では用具にも練習試合の相手にもこと欠いた。さらには貧しさゆえのコンプレックスもあった。しかし、沖縄野球は、野球を愛し、野球を通して沖縄の人々に希望をあたえようとした先人たちの苦闘《くとう》のすえに、ついに華開《はなひら》いたのだ。

・個性《こせい》豊かな沖縄のチームが続々登場

これまでに紹介《しょうかい》した高校以外にも、1997（平成9）年と2008（平成20）年の夏の甲子園《こうしえん》でベスト4に輝いた浦添商業高校《うらそえしょうぎょうこうこう》。2001（平成13）年のセンバツで21世紀枠選出校ながらベスト4まで勝ち上がった宜野座高校《ぎのざこうこう》。2006（平成18）年に八重山諸島《やえやましょとう》の石垣島《いしがきじま》から春夏連続出場を果たした八重山商工高校《やえやましょうこうこうこう》など、沖縄からは次々に個性豊かなチームが甲子園に乗りこんできている。

現在では全国の強豪校に沖縄出身の高校生が野球留学することも多くなった。2013（平成25）年には沖縄勢としてはじめて、沖縄尚学高校《おきなわしょうがくこうこう》が秋の全国大会で優勝をかざった。まだまだ沖縄勢が甲子園を盛りあげる日々はつづきそうだ。

池《いけ》田《だ》高《こう》校《こう》野球部物語

■やまびこ打線のヒミツ

キミはホームランを打ったことがあるだろうか？

野球をやっているキミも、そうでないキミも、自分がホームランを打った場面を想像してみよう。相手投手が投げたボールをよく見て、ねらいを定めてバットを力いっぱいフルスイング。「カキーン！」という打球音とともに、ボールはスタンドめがけて一直線に飛んでいく。チームメイトはもちろん、相手チームも審判《しんぱん》も満員の観客《かんきゃく》も、みんなの目が打球のゆくえに釘づけになる。

その打球がスタンドに入るか、入らないか…。球場にいるすべての人たちが集中してゆくえを追うから、一瞬《いっしゅん》、球場は静まりかえる。そして打球がスタンドに入った瞬《しゅん》間《かん》、球場には大歓声がひびきわたるのだ。相手投手がマウンドでガックリと肩《かた》を落としているとき、キミはゆっくりとダイヤモンドを回ってホームインする……。

昔から「ホームランは野球の花」という言葉がある。その言葉の通り、ホームランを打った打者は、球場中の視線《しせん》を浴《あ》びてヒーローとなる。球場につめかけたファンは、その瞬間《しゅんかん》を目撃《もくげき》して興奮《こうふん》するものだ。

かつて、この「野球の花」といわれるホームランを甲子園球場で打ちまくり、日本中の高校野球ファンを夢中にさせたチームがあった。それが池田高校《いけだこうこう》だ。

「カキーン！」「カーン！」

1982年（昭和57）年、第64回の夏の大会に出場した池田高校は、甲子園球場《こうしえんきゅうじょう》に金属《きんぞく》バットの音を鳴りひびかせていた。1974（昭和49）年から使用できることになった金属バットは、それまでの木製《もくせい》バットにくらべて、打球を強く、速く、そして遠くに飛ばすことができる。バットの芯《しん》をはずしても、打者にパワーがあれば、おどろくような打球を飛ばせるのが特徴《とくちょう》だ。

この金属バットの特徴を生かすため、池田高校の選手たちは筋力トレーニングでパワーアップして、バッティング練習をたくさんやった。そうしてチームをきたえあげることで、甲子園でホームランを打ちまくったのだ。

池田高校のある徳島県三好市池田町《とくしまけんみよししいけだちょう》は、「四国《しこく》のへそ」と呼ばれている。4つの県がある四国《しこく》のまんなかあたりにあって、右を向いても左を向いても山にかこまれた静かな町だ。しかし、池田高校《いけだこうこう》野球部の練習がはじまると、とたんににぎやかになる。バッティング練習の金属《きんぞく》バットの音が山のなかにずっとひびいて、こだまするからだ。

そんな練習風景《ふうけい》から、池田高校は「やまびこ打線」と呼ばれるようになった。

第64回夏の甲子園大会では、その「やまびこ打線」が大爆発《だいばくはつ》した。決勝戦までの6試合で、それまでの大会ではなかった7本塁打《ほんるいだ》、85安打を記録。ものすごい打撃力《だげきりょく》で相手チームをなぎたおして、全国制覇《ぜんこくせいは》を成しとげたのだ。池田高校の打者たちがはなつ金属バットの音は、球場の外野スタンドにぶつかってはねかえり、甲子園でもこだましたのだった。

■攻《せ》めダルマ・蔦文也《つたふみや》監督《かんとく》

この「やまびこ打線」をつくりあげたのは、1992(平成4)年まで監督をつとめた蔦文也という人物だ。

蔦監督はおなじ徳島県《とくしまけん》の徳島商業高校《とくしましょうぎょうこうこう》の出身で、一塁手《るいしゅ》や投手として3度も甲子園に出場したことがある。同志社大学《どうししゃだいがく》に進学した後も野球部に入ったけれど、太平洋戦争に巻きこまれて野球ができなくなってしまう。それでも、戦争がおわった後に大学を卒業すると社会人野球で活躍《かつやく》して、1950（昭和25）年には、プロ野球の東急《とうきゅう》フライヤーズ（現・北海道日本《ほっかいどうにっぽん》ハムファイターズ）に入団。わずか一年で引退《いんたい》となったが、その後は故郷《こきょう》の池田町にもどって、池田高校の先生になった。そして野球部の指導もまかされて、こんどは監督《かんとく》として甲子園をめざすことになった。

甲子園への道は、長くてけわしいものだった。監督の母校の徳島商業高校《とくしましょうぎょうこうこう》をはじめ、徳島県には野球で有名な強い学校が多く、それにくらべて池田高校は強いチームではなかった。だから、監督は選手たちがミスをすると、「そんなことでは徳島商業には勝てないぞ！」ときびしい言葉を浴《あ》びせつづけた。

猛練習《もうれんしゅう》が実を結び、池田高校がようやく甲子園初出場をはたしたのは、1971（昭和46）年、第54回の夏の大会。蔦監督《つたかんとく》になってから20年がたっていた。

さらに次の年、春の選抜大会でも甲子園に出場したときは、なんと、ベンチにいる選手がわずか11人だった。ふつうは何十人も野球部員がいるなかから15人のメンバーがえらばれるものだけど（今は18人）、そのときの池田高校《いけだこうこう》は野球部員が11人しかいなかったのだ。何十人もいたら、野球部員でふたつのチームをつくって試合もできるけれど、11人ではできないから、練習はじゅうぶんとはいえない。蔦監督《つたかんとく》も選手といっしょにグラウンド整備をするほど、人数が足りなくてたいへんだった。

ところが、11人の選手たちは甲子園でハツラツとプレーして勝ち進み、大会でいちばん目立つチームになった。そうして、みごとに準優勝《じゅんゆうしょう》した選手たちは「さわやかイレブン」と呼ばれた（イレブンは英語で11の意味）。練習のときに人数が足りなくてたいへんだから、ひとりひとりがよけいにがんばったおかげかもしれない。

大会がおわった後のインタビューで、蔦監督は、「さわやかイレブン」と呼ばれたことについて、「さわやかでも何でもない。ワシのしごきがきついけん、ついていけんようになっただけじゃ」と照れながら答えたという。つまり、監督がやらせる練習がきびしすぎて、練習についていけなくて部員がどんどんやめて11人になっただけ、といっているのだ。本当なのかどうかはわからないけれど、とにかく11人でも全国大会で勝てるチームがつくられた。決勝戦では敗《やぶ》れたものの、監督が自分で考えたとおりに戦って勝ち進めたこともあって、「全国の強いチームとも戦える」という自信を深めていった。

その蔦監督《つたかんとく》の考え方が大きく変わったのは、1979（昭和54）年、第61回の夏の大会に出場したとき。1回戦から勝ち上がった池田高校《いけだこうこう》は、決勝戦で和歌山《わかやま》の箕島高校《みしまこうこう》と対戦。3対4と、おしくも1点差で敗れたそのとき、蔦監督は思った。

「盗塁や送りバントなどでコツコツ点を取っても、あっという間にひっくり返される。こうなったらガンガン打って、力で相手をねじふせる野球をしようじゃないか」

これが、ものすごい打撃力によって相手をたおす「やまびこ打線」誕生《たんじょう》のきっかけとなったのだ。

それから池田高校は蔦監督の指導のもと、練習時間のほとんどをバッティングについやした。学校の授業が終わると、選手たちは練習の準備をして、軽くグラウンドを一周した後、すぐにバッティング練習をスタート。それから夕方6時までひたすら打つ練習がつづき、さいごは軽くノックをして一日の練習がおわる。池田高校のグラウンドでは、金属バットの音が鳴りやむことがなかったという。

さらに選手たちは冬になると、当時としてはめずらしかった、筋力トレーニングをとり入れた練習をはじめた。古いタイヤを使った「タイヤ引き」で下半身をきたえ、バーベルやダンベルなどの器具を使って上半身をきたえあげ、からだ全体のパワーアップをめざしていく。すると、春になるころには、選手たちには学生服がパンパンになるほどの筋肉がついて、からだがひと回りもふた回りも大きくなったそうだ。

こうして選手たちは、からだ全体のパワーアップに成功《せいこう》した。パワーがあれば打球がよく飛ぶ金属《きんぞく》バットでホームランや長打をたくさん打ち、相手チームをふるえあがらせる打撃力《だげきりょく》を手に入れた。目標とする「力で相手をねじ伏せる」野球スタイルをつくり上げた蔦監督《つたかんとく》。試合では盗塁《とうるい》や送りバントなどの細かいサインを出さずに、ベンチでどっしりと座りながら「打て」のサインしか出さないので、やがて「攻めダルマ」とよばれるようになった。

■池田高校、黄金時代の到来《とうらい》

むかえた1982（昭和57）年、第64回、夏の甲子園《こうしえん》大会。「力で相手をねじ伏《ふ》せる」池田高校《いけだこうこう》の野球が、ファンの注目を集めることになる。1回戦は静岡《しずおか》の静岡高校《しずおかこうこう》を5対2、つづく2回戦も西東京《にしとうきょう》の日本大学第二高校《にほんだいがくだいにこうこう》を4対3で勝つと、3回戦も宮崎《みやざき》の都城高校《みやこのじょうこうこう》を5対3でたおして、準々決勝に進む。相手は東東京《ひがしとうきょう》の早稲田実業学校《わせだじつぎょうがっこう》だ。

早稲田実業学校《わせだじつぎょうがっこう》は、2年前の1980（昭和55）年、第62回の大会で準優勝してから、春の選抜大会《せんばつたいかい》もふくめると5季連続で甲子園に出場している超強豪校《ちょうきょうごうこう》。その間、東京都の公式戦では負け知らずの28連勝を記録していた。これだけ勝ちつづけるチームのなかで、いちばん大事な力になっていたのが、1年生からエースとして活躍《かつやく》していた荒木大輔投手《あらきだいすけとうしゅ》（元ヤクルト）だ。

池田高校と早稲田実業学校の一戦ではもちろん、荒木投手と池田打線の対決に注目が集まっていた。はたして、荒木投手は「やまびこ打線」をおさえることができるのか……。その答えは、すぐにわかることになる。

試合開始10分後の1回裏、池田高校の2年生、江上光治選手《えがみみつはるせんしゅ》は、荒木投手の投球をフルスイングして、ライトへ先制ホームランをはなったのだ。荒木投手は得意球のカーブを打たれてしまい、気持ちがおちつかなかったようだ。つづく2回にも3点をとられてしまい、5回までに5対0とリードを広げられた。

さらに6回裏の池田高校、おなじく2年生の水野雄仁選手《みずのかつひとせんしゅ》（元巨人）が、甲子園球場のバックスクリーンに豪快《ごうかい》なホームランをたたきこんだ。打たれた荒木投手は、ぼうぜんと打球を見おくるだけ。早稲田実業学校のセンターが「はじめはライナーだと思って打球を追いかけていたら、そのままグングンのびてホームランになった。あんな打球ははじめて見た」と、おどろくほどの力強い打球だった。蔦監督《つたかんとく》が目標とした「力で相手をねじふせる」野球のおもしろさに、甲子園《こうしえん》の大観衆《だいかんしゅう》が気づいた瞬間《しゅんかん》でもあった。

その後も甲子園には「やまびこ打線」の金属音《きんぞくおん》が鳴りひびいた。筋力トレーニングでパワーアップした選手たちの打球は、広い外野を所せましと飛びかかって、ついに7回裏には、荒木投手をマウンドから引きずりおろす。おわってみれば、水野選手の2打席連続ホームランをふくむ3本塁打《ほんるいだ》、20安打を記録して14対2。たいへんな点差をつけて池田高校が勝ったのだった。

つづく兵庫《ひょうご》の東洋大姫路高校《とうようだいひめじこうこう》との準決勝でも、池田高校は12安打をはなって4対3で勝利。決勝は広島《ひろしま》の広島商業高校《ひろしましょうぎょうこうこう》との対戦となって、その試合でも「やまびこ打線」は大爆発。初回二死から連打がつづき、あっという間に6点も取ってしまったのだ。

さらに6回には、池田高校《いけだこうこう》の8番打者・木下公司選手がレフトのポール際にホームラン。打った瞬間にホームランとわかる当たりに、広島商業高校の選手たちは「あれでも8番バッターか……」とおどろいた。それもそのはず、1番打者から9番打者までバットを長く持ち、思い切ってフルスイングする打線。ホームランで相手チームをねじ伏《ふ》せ、観客《かんきゃく》をわくわくさせる豪快《ごうかい》な野球スタイルが、ついに甲子園《こうしえん》で完成したのだ。

決勝も12対2で勝った池田高校《いけだこうこう》。徳島《とくしま》の山のなかにある町で育った選手たちが、ついに頂上の日本一にたどりついた。目標をなしとげた蔦監督《つたかんとく》はこんなことをいった。

「ワシはバントとかコツコツ当てていく野球はきらいなんじゃ。野球に理屈《りくつ》はいらん。思い切り、のびのび打ったらええんじゃ」

さらに池田高校の快進撃《かいしんげき》はつづく。年が明けて1983（昭和58）年、春の選抜大会では、新3年生となった江上選手《えがみせんしゅ》と水野選手《みずのせんしゅ》が大活躍《だいかつやく》。他のメンバーも「やまびこ打線」を引きついで、毎試合、打ちまくって勝ち進んだ。なにしろ、前の年の夏の大会1回戦から春の大会準々決勝まで、9試合連続で10本以上のヒットを記録している。ということは、夏の大会で3年生だった選手たちが卒業《そつぎょう》して新しいチームになっても、打撃力は変わらなかったのだ。

こうして池田高校は春の選抜大会でもみごとに優勝《ゆうしょう》して、高校野球史上4校目となる、夏春連覇《れんぱ》を達成したのだった。蔦監督は「名将《めいしょう》」と呼ばれ、池田高校の名前は高校野球ファンだけでなく日本中に知れわたった。

「やまびこ打線」の主力として活躍《かつやく》した江《え》上《がみ》光《みつ》治《はる》選手《せんしゅ》。

■打倒《だとう》・池田高校《いけだこうこう》に燃えた夏

同じ年の夏、1983（昭和58）年の第65回大会にも、王者・池田高校は甲子園《こうしえん》にやってきた。前の年の夏に優勝《ゆうしょう》、その次の春も優勝、そしてこの大会で優勝したら、史上初めての甲子園三連覇《れんぱ》となる。ファンは池田高校の優勝を予想し、新聞の記事でも「優勝候補は池田高校」と書かれていた。

予想通り、池田高校は1回戦で群馬《ぐんま》の太田工業高校《おおたこうぎょうこうこう》に8対1、2回戦も宮崎《みやざき》の高鍋《たかなべ》高校《こうこう》を12対0と、ものすごい打力で連勝。「やまびこ打線」は変わっていなかった。

しかし、3回戦の広島商業高校《ひろしましょうぎょうこうこう》との試合で、水野選手《みずのせんしゅ》が頭に死球を受けてしまった。ベンチで頭部を氷で冷やすなどして、応急処置《おうきゅうしょち》をほどこした水野選手。投手としてもマウンドに上がっていただけに心配された。

だが、この死球は、池田高校ナインに火をつけることになる。痛い思いをした水野のためにみんなで打ってやろうと「やまびこ打線」がまたも爆発《ばくはつ》。7対3で勝利して、前の年の夏から甲子園14連勝を記録したのは史上初めてだった。

ベスト8に一番乗りした池田高校の相手は、大会でも5本の指に数えられる好投手・野中徹博選手《のなかてつひろせんしゅ》（元阪急《はんきゅう》ほか）がエースの愛知《あいち》の中京高校《ちゅうきょうこうこう》（現・中京大学附属中京《ちゅうきょうだいがくふぞくちゅうきょう》高校《こうこう》）。大会前に「池田高校《いけだこうこう》をたおすとしたら、中京高校だろう」とウワサされていたとおり、野中投手はすばらしいピッチングをみせる。強打をほこる「やまびこ打線」を8回まで1点におさえ、試合は1対1のまま9回をむかえた。

すると、ここでも試合を決めたのは、池田高校が得意とするホームラン。9回表に高橋勝也選手が野中投手のストレートをとらえ、決勝本塁打《けっしょうほんるいだ》をはなったのだ。そうして3対1で勝って、準決勝に進んだ池田高校。ほとんどのファンは「これで池田高校が優勝して、夏・春・夏と甲子園三連覇を成しとげるだろう」と思っていた。

しかし、ここで思わぬ強敵が立ちふさがる。まだ1年生なのに4番を打つ清原和博《きよはらかずひろ》選手と、同じく1年生なのにエースの桑田真澄《くわたますみ》選手（元巨人ほか）。「KK《ケーケー》コンビ」とよばれたふたりがいる大阪《おおさか》のPL学園高校《ピーエルがくえんこうこう》。無敵軍団の池田高校に対して真っ向から勝負を挑《いど》んできた。

試合は、2回にうごいた。水野投手の投げた真ん中低めのストレートを、PL学園高校の7番打者・小島一晃選手がねらいすましたように右中間に二塁打をはなち、1点を先制する。相手の下位打線に打たれて「こんなはずじゃない」とカッとなった水《みず》

投打に活躍《かつやく》した、池田《いけだ》高校《こうこう》の水野《みずの》雄仁《かつひと》選手《せんしゅ》。

野投手《のとうしゅ》は、つづく8番・桑田選手《くわたせんしゅ》、9番・住田弘行選手に、なんと連続ホームランを浴《あ》びてしまう。3回、4回にも得点をあげたPL学園高校《ピーエルがくえんこうこう》の攻撃《こうげき》は、池田高校の「やまびこ打線」と同じような爆発力《ばくはつりょく》をみせ、5回をおわって0対6となった。

PL学園高校の桑田投手は、自分で打ったホームランに気分を良くして、思い切りの良いピッチングをみせた。ふわりと落ちるカーブは打者のタイミングをはずし、シュートやストレートをたくみにまじえ、強打をほこる「やまびこ打線」もまともに打たせないピッチング。けっきょく、池田高校はヒット5本で点をとれず、まだ15歳《さい》だった桑田投手の前に0対7と完敗したのだった。

前の年、夏の徳島大会《とくしまたいかい》から公式戦ではずっと負けていなかった池田高校。その連勝記録は38でストップした。試合後のインタビューで蔦監督《つたかんとく》は、「ウチが負けるときは、こういうパターンだと思うとりました」と話した。いつもパワフルな打力で先制点をとり、試合を有利に進めて、そのまま逃げ切るのが池田高校の得意なパターン。しかし、このときの準決勝のように、先に点をとられて追いかけるほうにまわると、じつはめっぽう弱かったのだ。だれも予想できなかった結末で、池田高校の甲子園三連覇《こうしえんさんれんぱ》の夢は消えてしまった。

■蔦《つた》監督《かんとく》の死と、新生・池田高校《いけだこうこう》

池田高校はその後も甲子園《こうしえん》に出場。1986（昭和61）年の春には2度目の全国制覇《ぜんこくせいは》。同じ年、第68回の夏の大会では初戦で敗れる。次の年、1987（昭和62）年の春のセンバツでは準決勝まで勝ち進んだが、ベスト4どまりだった。

1991（平成3）年、第73回の夏の大会では、蔦監督につかえていた教え子の岡《おか》田《だ》康志《やすし》コーチが、監督《かんとく》代行として指揮《しき》をとるようになる。蔦監督も年老いて、体力のおとろえが目立ちはじめていたのだ。その後、野球部の指導をはじめてから40年目の1992（平成4）年、68歳の蔦監督にかわり、岡田コーチが新監督になった。

「ワシがノックバットをはなすときは監督をやめるとき。ワシは死ぬまではなさんぞ」

いつもそう話していたとおり、野球が好きで好きでしかたなかった蔦監督。2001（平成13）年の4月、三好《みよし》市《し》池田《いけだ》町内《ちょうない》の病院でなくなった。77歳だった。

甲子園でホームランを連発して、相手チームをふるえ上がらせ、高校野球ファンを大いに楽しませた「やまびこ打線」。この打線をつくりあげ、池田高校を日本一にした蔦監督《つたかんとく》は、きっと、ホームランの魅力《みりょく》をだれよりも感じていたのではないだろうか。「ホームランは野球の花」という言葉をだれよりもよくわかっていたのではないだろうか。だからこそ、「力で相手をねじ伏《ふ》せる」野球スタイルを目標にしたのだろう。

蔦監督は甲子園《こうしえん》に初出場したとき、「山あいの町の子供たちに一度でいいから大海を見せてやりたかったんじゃ」と語った。この言葉は、池田高校にある石碑《せきひ》にきざまれていて、「山にかこまれた町で生まれ育った選手たちに、なんとか、全国の高校球児《こうこうきゅうじ》があこがれる場所で試合をさせてやりたい」という想いがこめられている。そして、「大海」とはまさしく、広くて大きい甲子園をあらわした言葉だけれど、２０１４年の春、その「大海」に池田高校が帰ってきた。

甲子園出場は、第74回の夏の大会以来、22年ぶり。第86回の選抜大会に岡田監督《おかだかんとく》ひきいる池田高校が出場した。ファンはよろこび、大いに注目されたいっぽうで、選手たちは強かったころを知らなければ、「やまびこ打線」といわれたような強打者もチームにはいいない。

でも、蔦監督の野球を受けついだ岡田監督は、ホームランはなくても、ストライクをどんどん打っていく打線をつくった。和歌山《わかやま》の海南高校《かいなんこうこう》との1回戦、サヨナラヒットを打った林涼平選手《はやしりょうへいせんしゅ》は、「昔は昔で今は今。新しい池田《いけだ》のスタイルを見せたい。自分たちの時代をつくりあげる」と話した。

その選抜《せんばつ》大会は2回戦で敗れた池田高校。蔦監督《つたかんとく》のスタイルを知る監督のもとで、新しく生まれ変わった野球を、また甲子園で見られる日を楽しみにしよう。

池田高校《いけだこうこう》の「やまびこ打線」をつくりあげた、蔦文也監督《つたふみやかんとく》。

「史上最高《しじょうさいこう》の試合」はまだつづいている！ 箕島《みのしま》VS.星稜《せいりょう》 延長《えんちょう》18回

■高校野球史上最高の試合

今から35年前、1979（昭和54）年の夏の甲子園《こうしえん》。第61回全国高等学校野球選手権大会で、「高校野球史上最高の試合」といわれる名勝負があった。

大会9日目、8月16日に行われた3回戦の箕島高校（和歌山《わかやま》）対星稜高校（石川《いしかわ》）戦。第4試合で午後4時すぎにはじまった試合が終わったのは、夜の8時前。延長18回を戦って試合時間は3時間50分にもなり、高校野球ではめずらしくとても長い試合になった。

ふつうは9回で終わるのだから、18回ということはちょうど2試合ぶんを戦ったことになる。もちろん、甲子園球場には途中から照明がついて、プロ野球と同じようにナイターとなった。これもめったにないことだ。

現在ではルールが変わり、高校野球の延長戦《えんちょうせん》は15回まで（引き分けの場合は再試合が行われる)。だから、そこまで長い時間の試合はまずないけれど、18回も戦って、長い時間がかかったから「最高の試合」といわれるのかといえば、それだけではない。じっさいには、延長戦《えんちょうせん》になってから、甲子園のスタンドで、テレビで、試合を見ているだれもが「これで勝負が決まった」と思うときが何度もあった。それでも決まらなかったから、日本全国の人たちが「これはスゴイ」と思いながら見つづけたのだ。

では、いったい、どんな試合だったのだろう。

■王者・箕島《みのしま》にいどんだ星稜《せいりょう》

試合の話の前に、箕島高校と星稜高校《せいりょうこうこう》はどういうチームなのか、解説しておこう。

まず、和歌山代表、尾藤公監督《びとうただしかんとく》がひきいる箕島高校は春のセンバツに強く、1979(昭和54)年の春に3回目の優勝。同じ79年の夏の大会は、春夏連覇《れんぱ》(連続優勝)がかかっていた。「王者・箕島」とよばれて、優勝候補にあげられる強いチームだった。それも尾藤監督のきびしい指導があってのことだが、試合中のベンチではやさしい笑顔を見せる監督。その笑顔は「尾藤スマイル」といわれた。

対する石川代表、山下智茂監督《やましたともしげかんとく》がひきいる星稜高校《せいりょう》。黄色にちかいクリーム色のユニフォームはめずらしく、ひと目見たらわすれられない。あの松井秀喜選手《まついひできせんしゅ》がいた高校だから、名前を知っている人もいるだろう。こちらも79年はセンバツに出場していたが、1回戦で負けているので箕島高校《みのしまこうこう》ほどの強さはないとみられていた。

なにしろ、箕島高校はその前の年、1978（昭和53）年も春夏連続で甲子園《こうしえん》に出ていて、春は準決勝、夏は3回戦まで勝ち進んだ。しかもそのときはエースの石井毅投手《いしいたけしとうしゅ》、キャッチャーの嶋田宗彦選手《しまだむねひこせんしゅ》がどちらも2年生で活躍《かつやく》。バッテリーが甲子園の雰囲気《ふんいき》や特徴《とくちょう》をじゅうぶんに知っているのだから、チーム全体に自信をもって試合ができる。この大会は2回戦から登場して、さいしょの相手、南北海道代表の札幌商業高校《さっぽろしょうぎょうこうこう》（現・北海学園札幌高校《ほっかいがくえんさっぽろこうこう》）に7対3で勝った。

星稜高校も2回戦から登場し、京都《きょうと》代表の宇治高校《うじこうこう》に8対0で勝っていた。エースの堅田外司昭投手が完封《かんぷう》して、打線も当たっていた。それでも試合前まで、多くの人が「箕島のほうが強い」と思っていたようだ。箕島高校の石井投手も「苦戦するんじゃないかという予感なんてなかった。自分のピッチングをすれば勝てると思っていた」という。

■箕島《みのしま》が苦しむ意外な試合展開

その日の天気は晴れ。スタンドには3万4000人の観客《かんきゃく》がいた。午後4時6分、球審《きゅうしん》の右手が上がって「プレーボール」。一塁側の箕島高校《みのしまこうこう》が後攻、三塁側の星稜高校《せいりょうこうこう》が先攻で試合が始まった。

右のアンダースローの石井《いしい》投手、左腕《さわん》の堅田《かただ》投手。どちらの先発投手も調子よく立ち上がって、ランナーを出しても得点させない。

試合がうごいたのは4回表。星稜高校は1死二、三塁として、投手で5番の堅田選手がタイムリーヒットを打って1点。意外にも、先に点をとったのは星稜高校だった。

その裏、箕島高校も1死一、三塁のチャンスをつくると、2年生の6番・森川康弘《もりかわやすひろ》選手がライト前にタイムリーヒット。さらに満塁《まんるい》としてからは得点できなかったけれど、すぐに反撃して同点に追いつくあたり、強いチームらしさが出ている。

1対1となったあとも、おたがいに得点のチャンスはあった。しかし箕島高校は送りバントの失敗があって、むだなアウトを相手にあたえてしまった。星稜高校も盗塁失敗があったり、せっかくのランナーが牽制《けんせい》でアウトになったり、なかなか勝ちこせない。

むかえた9回。両チームともランナーを出したのに、やっぱりどちらも盗塁失敗《とうるいしっぱい》があって無得点。こうして試合は、1対1のまま延長戦《えんちょうせん》に入ったのだった。

■相手のエラーで星稜《せいりょう》が勝ち越す

延長戦に入ると球場の照明がつき、グラウンドはカクテル光線に照らされた。

試合前、箕島高校《みのしまこうこう》の選手たちは、ナイターになることを期待していた。なぜなら、何度も甲子園に出て、優勝までなしとげていても、照明の下で行う試合だけはやっていなかった。プロ野球ではあたりまえのナイターも高校野球では特別。しかもあこがれの甲子園でのナイターはもっと特別だから、やってみたかったのだという。

でも、ナイターにならないかな、と考えるような気持ちのよゆうは、もう箕島高校の選手にはなかっただろう。たしかに石井投手《いしいとうしゅ》は「自分のピッチング」をしたから1点におさえてきたわけだが、星稜高校《せいりょうこうこう》はそれで勝てる相手ではなかったのだ。

12回表、1死一、二塁《るい》。星稜高校が先に得点のチャンスをつくると、石黒豊選手《いしぐろゆたかせんしゅ》の打球は右方向へ高くはねた。セカンドが前へ出ると、打球はグラブの先に当たってトンネル。ライトがとったときには、もう二塁ランナーがホームをかけぬけていた。

2対1。ついに星稜高校が1点を勝ち越した。

タイムがかかって、箕島《みのしま》の内野手がマウンドに集まった。みんながセカンドの上野《うえの》山善久選手《やまよしひさせんしゅ》に「気にするな」と声をかけた。しかしキャプテンでもある上野山選手は、これで負けるんじゃないか、これでダメだろうと思っていた。

その後、星稜高校は1死一、三塁で9番・若狭徹選手《わかさとおるせんしゅ》。スクイズでもう1点とりにいったが失敗して、三塁ランナーがタッチアウト。若狭選手も三振《さんしん》でチェンジになった。

なんとか1点にとどめた箕島高校だが、上野山選手はベンチに帰ったとき、くやしい気持ちと、みんなに悪いという気持ちがいっしょになって、泣いてしまったという。

■ホームランねらってもええでしょうか！

12回裏。気持ちを切りかえて反撃したい箕島高校は、8番から始まる打順。かんたんにふたつのアウトをとられて、あとがなくなった。甲子園《こうしえん》で2回優勝している尾藤《びとう》監督《かんとく》も、負けをかくごして、こんなことを考えていたそうだ。

「この試合はもう、勝ちはないかな……。敗戦インタビューで何をいおうかな……」

打順は1番にかえって嶋田《しまだ》選手。一度は打席に向かおうとしたのだが、とつぜん、ベンチ前までもどってきて、尾藤監督の前でこういった。

「監督！　ぼく、ホームランねらってもええでしょうか！」

尾藤監督は、嶋田選手の気はくにおされて、思わずうなずいてしまった。ほんとうは、うなずきたくなかった。なぜなら、監督として、ホームランをねらうようなバッティングをしていては試合に勝てないと考えていた。高校野球ではめったに出ないホームランよりも、ヒットをコツコツとつみかさねる野球をいつもめざしていた。しかしこのときばかりは、選手の思いどおりにさせた。

右打者の嶋田選手に対して、堅田投手《かただとうしゅ》の初球は高めにぬけたボール。2球目、アウトコース高めから真ん中に落ちてくるカーブをバットがとらえた。打球はレフトのラッキーゾーンに飛びこみ、ほんとうに、ねらったとおりにホームランになった。ベンチで「尾藤スマイル」がはじけた。

箕島《みのしま》高校の嶋田《しまだ》宗彦《むねひこ》選手。

嶋田選手《しまだせんしゅ》にとって、甲子園《こうしえん》でははじめての一打。ここで自分が打たなければという、あせるような気持ちはなかった。これで高校野球の試合はさいごになるかもしれないから、かるい気持ちで、思い出をつくるつもりでねらったのだという。

■これはおどろきました、かくし球です

2対2の同点でむかえた14回裏。箕島高校《みのしまこうこう》は先頭の森川選手《もりかわせんしゅ》がヒットででて、久保《くぼ》元司選手《もとしせんしゅ》の送りバントで一死二塁。つづく打者、浦野泰之《うらのやすゆき》選手のとき、カウント1ボール2ストライクで二塁ランナーがスタートを切った。気づいた堅田投手《かただとうしゅ》はとっさに二塁に投げたが、ショートからサードへの送球は間に合わず、ランナーは三塁へ。いっきにサヨナラのチャンスがめぐってきた。

このとき尾藤監督《びとうかんとく》は、バントのサインをいつ出そうか、そればかり考えていた。スクイズでサヨナラ勝ちのシーンを思いえがいていたという。反対に、守る星稜高校のほうは、延長戦《えんちょうせん》に入ってから三塁にランナーを置くのははじめて。絶体絶命のピンチだ。

ところが、その直後、だれも考えつかないようなプレーが起きた。

ずっと三塁ベース近くに立っていたサードの若狭選手《わかさせんしゅ》。三塁ランナーが一歩、二歩とリードをとった次の瞬間《しゅんかん》、大股《おおまた》でランナーに近よってタッチ！　グラブを高々と上げると、三塁塁審は「アウト」のジャッジ。

かくし球だった。テレビ中継《ちゅうけい》のアナウンサーは「おっと、これはおどろきました、かくし球です！」といった。これはどういうプレーかというと、守備側の選手がランナーに気づかれないようにボールをかくし持って、ランナーが塁をはなれたときにタッチアウトにするものだ。若狭選手は、ショートからの送球を受けたあと、マウンドの堅田投手《かただとうしゅ》にかけより、ボールをわたしたように見せかけて三塁にもどっていた。

相手チームがもりあがっているときに、落ち着いて頭をはたらかせていたのはスゴイ。おかげで、星稜高校はサヨナラ負けのピンチをまぬがれた。試合はまだまだつづく。

■負けたらぼくのせいや

16回表。星稜高校は2死一、三塁のチャンスをつかんで、打者は7番・山下靖選手。

この試合5打数2安打と当たっていたキャプテンがライト前にタイムリーヒットを打ち、三度目の1点勝ち越し！　箕島高校《みのしまこうこう》の石井投手《いしいとうしゅ》の球数は200を超《こ》えていた。

3対2。星稜高校《せいりょうこうこう》の山下監督《やましたかんとく》はそのとき初めて、「これで勝てる」と思ったという。

16回裏。堅田《かただ》投手もひとりで投げてきて、球数は180になろうとしていた。それでも、かんたんにふたつのアウトをとって、あとひとり。ここで打者は、かくし球でアウトになったばかりの森川選手《もりかわせんしゅ》。

初球をたたくと、打球は一塁側《いちるいがわ》ファウルグラウンドにフラフラと上がった。見ていただれもが、ファーストのファウルフライ、ついに試合がおわる…と思っただろう。

ファーストの加藤直樹選手《かとうなおきせんしゅ》。小走りにフライを追い、両手を広げた。しかし、その直後、落球してしまった。じっさいには、つまずいてころんでとれなかった。この年からファウルグラウンドにしかれていた人工芝に、足がひっかかったのだ。

でも、別に星稜高校はピンチになったわけではない。加藤選手も、堅田投手も、捕れなかったことを気にしてはいなかった。堅田投手は気を取りなおして、森川選手を1ボール2ストライクと追いこんだ。あと1球…。

アウトコース低めをめがけて投げたつもりが、まんなか高めへ。そのボールを森川

同点ホームランを打たれ、がっくりと肩《かた》を落とす堅田《かただ》投手。

選手がグーッと引きつけ、力いっぱいたたくと、打球はレフトスタンドに飛びこんだ。またしても箕島高校《みのしまこうこう》がホームランで追いつき、またしても「尾藤《びとう》スマイル」がはじけた。

森川選手《もりかわせんしゅ》は、それまで、練習試合でさえホームランを打ったことがなかった。それなのに、甲子園《こうしえん》ではじめて打てるものなのだろうか。テレビのアナウンサーは「奇跡《きせき》としかいいようがありません」といった。

そのとき、ファウルフライをとれなかった加藤選手は、「負けたらぼくのせいや」と思っていたという。

■奇跡《きせき》が審判《しんぱん》の心もうごかした

3対3でむかえた18回表、星稜高校《せいりょうこうこう》の攻撃《こうげき》。すでに球数が240を超えていた石井投手を攻めたて、1死満塁と絶好の場面をつくる。しかし、あとの打者が打ちとられて無得点。当時の延長戦は18回までだから、その時点で、この試合での星稜高校の勝ちはなくなった。引き分けて再試合に持ち込むしかない。

18回裏。箕島高校《みのしまこうこう》はふたつのフォアボールで1死一、二塁として、ヒット1本でサヨナラのチャンス。マウンド上の堅田投手《かただとうしゅ》は200球以上を投げてつかれきり、ボールを持つ手の力も弱まっていた。その顔は今にも泣き出しそうだった。

打席にはキャプテンの上野山選手《うえのやませんしゅ》。カウント2ボールとなったあとの3球目をとらえた打球が、ショートの頭をこえた。二塁ランナーの辻内崇志選手《つじうちたかしせんしゅ》が三塁《さんるい》ベースをけり、ヘッドスライディングでホームインした。

4対3。午後4時6分にはじまった試合が、7時56分におわった。テレビの前にくぎづけになったのは高校野球ファンだけではなかった。小学生、中学生、おかあさんも夕食の用意をわすれて見つづけた。

試合後、どちらの監督《かんとく》も「選手をほめてやりたい」と言った。箕島高校《みのしまこうこう》の石井投手《いしいとうしゅ》が「星稜はとにかくねばっこいチームでした」と言えば、星稜高校の加藤選手《かとうせんしゅ》は「みんなにもうしわけない」といって壁《かべ》に頭をぶつけ、涙を流しつづけた。

球審《きゅうしん》をつとめた審判《しんぱん》が、ベンチ裏で堅田投手をよびとめた。「ごくろうさん。これを持って帰りなさい」と言って、試合で使っていたボールを手わたした。これはふつうではないことで、「奇跡《きせき》」のような試合が審判の心もうごかしたのだ。

勝った箕島は準々決勝、準決勝と勝ち進み、徳島代表《とくしまだいひょう》の池田高校《いけだこうこう》との決勝戦にも勝って優勝。みごと、史上3校目の春夏連覇《れんぱ》を達成した。

優勝バッテリーの石井投手《いしいとうしゅ》、嶋田捕手《しまだほしゅ》は、卒業後、社会人野球でプレーしたあと、それぞれ西武、阪神に入団。星稜高校《せいりょうこうこう》からは北康博選手《きたやすひろせんしゅ》が卒業後に大洋《たいよう》（現《げん》DeNA《ディーエヌエー》）に入り、音重鎮選手《おとしげきせんしゅ》も大学、社会人でプレーしたあとに中日に入団した。

■今でもつづく35年前の試合

プロに進んだ選手もいる両チームのメンバーは、その後、ずっと交流をつづけている。さいしょは15年後、１９９４（平成６）年の「再試合」で顔をあわせた。

この試合、星稜高校《せいりょうこうこう》が2対0でリードしてむかえた最終回、2死ランナーなし。打席に代打の尾藤監督《びとうかんとく》が立つと、マウンドには山下監督《やましたかんとく》があがった。尾藤監督の打球は一塁方向への小フライとなり、ファーストの加藤選手ががっちりとって星稜高校が勝った。あのとき、延長16回、ころんでファウルフライをとれなかった加藤選手がさいごにとったということで、両チームのみんながよろこび、涙した。

じつは、加藤選手自身、フライをとれなかったことになやまされていた。心ないファンからいたずら電話がかかったり、「おまえのせいで負けた」といわれたりした。そのうち、おとなになって、初対面の人に「星稜《せいりょう》の野球部出身です」というとき、自分から先に「甲子園《こうしえん》で16回に落球した加藤《かとう》です。あの一塁手《いちるいしゅ》がぼくです」というようにもなっていた。

それでも長い間、野球に対してすっきりとしない気持ちがあったそうだが、「再試合」をきっかけにして少年野球チームの監督《かんとく》になったという。「再試合」はその後、甲子園《こうしえん》でも行われている。

甲子園といえば、2013(平成25)年、箕島高校《みのしまこうこう》は29年ぶりに夏の大会に帰ってきた。チームをひきいるのは、11年に亡《な》くなった尾藤元監督《びとうもとかんとく》の息子《むすこ》、尾藤強監督《びとうつよしかんとく》だった。さらにこの大会には星稜高校も出場して、ベンチには加藤選手の息子、背番号10の加藤峻平《かとうしゅんぺい》選手がいた。途中出場《とちゅうしゅつじょう》でお父さんと同じファーストを守り、ヒットも打った。

そして、堅田投手《かただとうしゅ》も甲子園のグラウンドに帰ってきた。チームをひきいる監督ではなく、審判《しんぱん》として、球児《きゅうじ》たちの試合をささえている。

35年たった今も、「史上最高の試合」はつづいているのだ。

春夏合わせて、甲子園で4回優勝した尾《び》藤《とう》監《かん》督《とく》（写真左）。

第2章 甲子園《こうしえん》なんでも情報

甲《こう》子《し》園《えん》大《たい》会《かい》の歴史

■10校からはじまった全国大会

春と夏、甲子園球場でおこなわれる高校野球の全国大会。その歴史は、今から100年ほど前にはじまっている。

はじめての全国大会は、1915（大正4）年、8月18日に開幕した。大会の名前は第1回全国中等学校優勝野球大会。高校野球なのに中等学校？　変だなと感じた人もいると思うので、はじめに少し説明しておこう。

むかしの日本では、学校の成り立ちが今とちがっていた。小学校に6年間かようのは今と同じだけれど、中学校には5年間かようことになっていた。それに、小学校を卒業したあと、2年間、高等小学校というところにかよってから中学に入る人もいた。だから、中学5年生の年齢は17歳から19歳。今の高校生の年齢《ねんれい》とほとんど同じだったのだ。

甲子園球場。開会式が行われている。

さて、第1回に出場した学校は10校。今では、夏の大会は都道府県の代表49校（北海道《ほっかいどう》と東京《とうきょう》は2校）が集まるから、それにくらべるとかなり少ない。すべての都道府県から代表が選ばれるのはずっとあとのことで、さいしょは、東北《とうほく》、関東《かんとう》、関西《かんさい》など各地方の代表が出場した。

ただ、その代表の選び方などにしっかりした決まりはなかった。そのため、たとえば、北陸地方《ほくりくちほう》は代表をだすことができなかった。かと思えば、地方の代表ではない学校もあり、兵庫《ひょうご》からは神戸二中《こうべにちゅう》が、東京《とうきょう》からは早稲田実業《わせだじつぎょう》が代表で出場していた。

球場は、当時まだ甲子園ができていなかった。第1回は大阪府《おおさかふ》の豊中球場《とよなかきゅうじょう》でおこなわれた。決勝戦では京都二中《きょうとにちゅう》と秋田中《あきたちゅう》がぶつかり、延長《えんちょう》13回を戦って2対1、京都二中がサヨナラ勝ちで優勝《ゆうしょう》。負けた秋田中は、新幹線《しんかんせん》も飛行機もない時代だから、汽車で34時間もかけて秋田から大阪までやってきていた。

5日間で1万人のお客さんが入り、全国大会をやってよかった、ということで、次の年も12校が出場しておこなわれた。第3回からは兵庫県《ひょうごけん》の鳴尾球場《なるおきゅうじょう》にうつって、そのときにはじめて入場式がおこなわれた。

鳴尾球場での大会は第9回まで。そのときには出場校が19校にふえて、野球人気もどんどん高まり、お客さんが席に入りきれなくなってきた。これではいろいろたいへんだ、ということで、広くて大きい甲子園球場《こうしえんきゅうじょう》がつくられたのだ。

■甲子園で優勝《ゆうしょう》してアメリカへ

甲子園ではじめて夏の大会（第10回）がおこなわれたのは、1924（大正13）年の8月。5万人も入る客席は、大会3日目で満員になった。それだけの野球人気が、もうひとつの全国大会をはじめることにつながっていたのだろう。同じ年の春に、はじめて選抜大会がおこなわれた。

大会の名前は、選抜《せんばつ》中等学校野球大会。こちらは夏とちがって、全国から強い中学を選んで戦わせよう、という考えがもとになっていた。今、新聞やテレビなどで「センバツ」という文字をよく見ると思うけど、選ぶから「選抜」なのだ。

選抜の第1回のときは、甲子園ができる前。愛知県名古屋市《あいちけんなごやし》にある山本球場《やまもときゅうじょう》を試合会場にして、8校が出場しておこなわれた。優勝《ゆうしょう》した四国《しこく》の高松商業《たかまつしょうぎょう》（香川《かがわ》）は、次の年の夏の大会も優勝。史上初の、春・夏ともに優勝した学校となった。

選抜大会《せんばつたいかい》が甲子園《こうしえん》でおこなわれるようになったのは第2回から。そして1927（昭和2）年、第4回の大会では、優勝《ゆうしょう》チームに大きなプレゼントがあった。野球が生まれた国、アメリカにチーム全員で行くことができたのだ。それまで、大学野球のチームはよくアメリカで試合をしていたけれど、中学ははじめてだった。

この大会で優勝した和歌山中《わかやまちゅう》は、夏休み前の7月3日から9月1日まで、だいたい2カ月間もアメリカを旅行した。どこに行っても、アメリカに住んでいる日本人がよろこんでむかえてくれて、そのたびに優勝旗を見せてあげたそうだ。

この優勝プレゼントは、次の年からもしばらくつづいた。決勝戦で勝ったとき、まっさきに「アメリカに行ける」と思った選手もいたという。今では考えられないことだけど、選抜大会をとりしきっていた新聞社にすれば、野球ファンの注目を集めるためのプレゼントだったようだ。

■とてつもない延長《えんちょう》25回の試合

アメリカから帰ってきた和歌山中は、夏の優勝校、高松商業《たかまつしょうぎょう》と試合をすることになった。春と夏の優勝チーム同士で戦って、本当の「日本一」を決めるためだ。試合は甲子園《こうしえん》ではなく大阪《おおさか》の寝屋川球場《ねやがわきゅうじょう》でおこなわれ、高松商業《たかまつしょうぎょう》が勝った。それから今まで春夏優勝《ゆうしょう》チームの対決はないので、高松商業はただひとつの「日本一」経験校だ。

この高松商業のライバルが、同じ四国《しこく》の松山商業《まつやましょうぎょう》（愛媛《えひめ》）だった。１９１８（大正7）年から１９２４（大正13）年まで、松山商業は四国大会で7年つづけて優勝していた。そのため強い高松商業もなかなか甲子園に出られなかったのだが、選抜大会ができたことでチャンスができたのだ。

四国のほかに強かったのは、東海地方《とうかいちほう》。まず、１９３１（昭和6）年の夏の大会で優勝《ゆうしょう》した中京商業《ちゅうきょうしょうぎょう》（愛知）は、１９３２（昭和7）年、１９３３（昭和8）年と3年つづけて優勝した。そのなかで、１９３３（昭和8）年8月19日の準決勝、明石中《あかしちゅう》（兵庫）との試合はとてつもなかった。

午後1時10分にはじまった試合は、両チームとも9回までヒット1本ずつで無得点《むとくてん》。0対0のまま延長戦《えんちょうせん》に入ったが、おたがいにチャンスをつくってもなかなか得点できない。そのころはまだ延長戦は何回までと決められていなかったので（現在は15回まで）、なんと、それまででいちばん長かった19回もこえた。さらに20回をこえたころに、大会本部が25回での試合打ち切りを決めた。

そうして、やはり0対0のままでむかえた25回裏。中京商業《ちゅうきょうしょうぎょう》は無死満塁《むしまんるい》のチャンスをつくると、1番打者の打球はセカンド方向へのゴロとなった。前進していたセカンドがとってホームゲッツーをねらったが、送球が高くそれてしまった。その間に三塁《るい》走者《そうしゃ》がホームインしてサヨナラ勝ち。

時計の針は午後6時5分をさしていた。4時間55分の死闘《しとう》。そのなかで中京商業の吉田正男《よしだまさお》投手《とうしゅ》は336球、明石中《あかしちゅう》の中田武雄《なかたたけお》投手は247球、どちらも25回を完投したのだからスゴすぎる。むかしの甲子園《こうしえん》ではこんな試合もあったのだ。

■戦争のぎせいになったエース

中京商業は1937（昭和12）年の夏、1938（昭和13）年の春とつづけて優勝《ゆうしょう》して夏春連覇《れんぱ》をなしとげた。エースの野口二郎《のぐちじろう》投手が全試合で完投する大活躍《だいかつやく》を見せた。

この夏春連覇をはじめてはたしたのは、1930（昭和5）年の夏、1931（昭和6）年の春に優勝した広島商業《ひろしましょうぎょう》（広島）だ。やはりエースの灰山元治《はいやまもとはる》投手が全試合で完投している。強いチームには絶対的な力をもつスゴイ投手がいるものだ。

スゴイ投手のなかでも「中等野球史上最高の投手」といわれるのが、海草中《かいそうちゅう》（和歌山《わかやま》）のエース、嶋清一《しませいいち》投手《とうしゅ》だ。海草中は１９３９（昭和14）年、１９４０（昭和15）年の夏と連覇《れんぱ》していて、１９３９（昭和14）年の夏、準決勝、決勝で嶋投手は２試合連続のノーヒットノーランを達成した。左腕からの剛速球《ごうそっきゅう》と、ドロップとよばれた落ちる変化球が武器だった。

そんな嶋投手も、明治大学《めいじだいがく》に進学した後、日本が戦争へむかっていくなかで軍隊に入り、24歳の若さで戦死してしまった。同じように甲子園《こうしえん》で大活躍《だいかつやく》した多くの選手たちが、戦争のぎせいになっている。

甲子園大会も、日本が中国と戦争をはじめたため、１９４１（昭和16）年の夏は中止。その年の12月に日本が太平洋戦争に突入すると、それから4年間、全国大会はおこなわれなくなってしまった。

ただし、１９４２（昭和17）年の夏は、それまで大会をとりしきっていた新聞社ではなく、文部省《もんぶしょう》（現在の文部科学省）が中心になって大会がおこなわれた。16校が出場したこの大会は四国《しこく》の徳島商業《とくしましょうぎょう》（徳島）が優勝したが、優勝旗《ゆうしょうき》はなく、一枚の表彰《ひょうしょう》状《じょう》をわたされただけ。正式の大会とはみとめられていないので、大会の歴史にも記録が残っていない。そのため「幻《まぼろし》の甲子園《こうしえん》」ともいわれている。

■甲子園のスターがプロ野球をもりあげた

1945（昭和20）年の8月15日に戦争がおわった。1年後には、西宮球場で夏の大会がふたたびはじまった。その2年後には学校の成り立ちが今の形になり、中等野球は高校野球として生まれ変わった。夏は全国高等学校野球選手権大会、春は選抜高等学校野球大会という名前になった。

戦争の前とくらべて大きく変わったのは、甲子園《こうしえん》のスターといわれる選手がプロ野球の人気をもりあげていったことだ。

その最初の選手といえるのが、早稲田実業学校《わせだじつぎょうがっこう》（東京《とうきょう》）の王貞治投手《おうさだはるとうしゅ》。1957（昭和32）年の春に2年生で優勝投手になり、夏の大会ではノーヒットノーランをなしとげた。3年生の春には2試合連続本塁打《ほんるいだ》を記録するなど大活躍《だいかつやく》し、巨人《きょじん》に入団。打者に転向すると一本足打法でホームラン王になり、長嶋茂雄《ながしましげお》選手とともにスーパースターとなった選手だ。通算868本塁打《ほんるいだ》の日本記録は知っている人も多いだろう。王選手《おうせんしゅ》は3年生のときの夏の大会には出られなかったが、この第40回大会でスターになったのが徳島商業高校《とくしましょうぎょうこうこう》（徳島《とくしま》）の板東英二投手《ばんどうえいじとうしゅ》。準々決勝の魚津高校《うおづこうこう》（富山《とやま》）戦では村椿輝雄《むらつばきてるお》投手と投げ合って0対0のまま延長戦《えんちょうせん》に入り、けっきょく、18回で決着がつかず引き分け再試合となった。じつは、この再試合のルールは板東投手がきっかけになってつくられたものだった。

同じ年の春季四国大会《しゅんきしこくたいかい》。板東投手は高知商業高校戦で延長16回、決勝戦の高松商業《たかまつしょうぎょう》高校戦《こうこうせん》でもなんと延長25回をひとりで投げぬいていた。このことを知った日本高等学《にほんこうとうがっ》校野球連盟《こうやきゅうれんめい》が、選手の体を心配して「延長18回をおえて引き分けの場合、その時点で試合を終了し、後日、再試合を行う」というルールをさだめたのだ。

板東投手は再試合に投げ勝ち、準決勝でも作新学院高校《さくしんがくいんこうこう》（栃木《とちぎ》）に勝利。決勝では柳井高校（山口）に敗れたが、中日に入団してリリーフ投手として活躍《かつやく》している。

決勝で初めて延長18回引き分け再試合となったのは、1969（昭和44）年の夏、三沢高校《みさわこうこう》（青森）対松山商業高校《まつやましょうぎょうこうこう》（愛媛《えひめ》）だ。三沢高校の太田幸司投手《おおたこうじとうしゅ》と松山商業高校の井上明投手《いのうえあきらとうしゅ》が投げ合い、18回を戦って0対0。再試合では松山商業高校が勝って優勝《ゆうしょう》したが、敗れた三沢高校の太田投手はアイドルのように人気のあるスターだった。プロでは近鉄《きんてつ》でプレーした。

■バットが変わって高校野球が変わった

延長戦は、2000(平成12)年の選抜《せんばつ》大会から15回までとなり、引き分けの場合は同じく再試合になる。2014(平成26)年からメジャーリーグのニューヨーク・ヤンキースでプレーする田中将大《たなかまさひろ》投手は、2006(平成18)年の夏、駒大苫小牧《こまだいとまこまい》高校《こう》(南北海道《みなみほっかいどう》)のエースとして、決勝で延長15回引き分け再試合を経験している。

また、ニューヨーク・メッツでプレーする松坂大輔《まつざかだいすけ》投手《とうしゅ》は、1998(平成10)年の夏、横浜高校《よこはまこうこう》(神奈川《かながわ》)のエースとして準々決勝で延長17回を投げきった。このこともきっかけになって、延長戦が18回から15回にみじかくなったようだ。

長い歴史のなかで高校野球のルールも変わってきているけれど、いちばん大きく変わったのはバットだ。

今、あたりまえのように使われている金属《きんぞく》バット。じつは1974(昭和49)年の春の大会までは、木製《もくせい》バットしか使えなかった。1974（昭和49）年の夏の大会から「カキーン！」「キーン！」という金属音《きんぞくおん》が甲子園《こうしえん》にひびきわたることになった。

金属バットは、木製バットよりも打球が飛ぶ。このバットをすぐに使いこなし、1975（昭和50）年の春に準優勝したのが東海大学付属相模高校《とうかいだいがくふぞくさがみこうこう》（神奈川《かながわ》）。のちにスターになる原辰徳選手《はらたつのりせんしゅ》がいたチームだ。その後も、池田高校《いけだこうこう》（徳島《とくしま》）、PL学園《ピーエルがくえん》高校《こう》（大阪《おおさか》）など、金属バットを生かして打力を高め、強い時代をきずくチームが出た。

ちなみに、PL学園高校《ピーエルがくえんこうこう》の清原和博選手《きよはらかずひろせんしゅ》は、1大会5本、春夏通算13本塁打の甲子園記録をつくった。はたして、この記録にせまり、やぶる選手は出てくるだろうか。清原選手は西武《せいぶ》、巨人《きょじん》、オリックスで活躍《かつやく》し、通算525本塁打を記録している。

プロ野球の人気をもりあげた甲子園のスターはたくさんいる。最近では、大阪桐蔭《おおさかとういん》高校《こうこう》（大阪《おおさか》）から阪神《はんしん》に入団した藤浪晋太郎投手《ふじなみしんたろうとうしゅ》、花巻東高校《はなまきひがしこうこう》（岩手《いわて》）から日本《にっぽん》ハムに入団した大谷翔平《おおたにしょうへい》投手がそうだろう。このふたりは2012（平成24）年の選抜大会で対戦して、大谷投手が藤浪投手からホームランを打ったことでライバルと見られている。そういうことを知っていると、プロでの対決がさらに楽しみになる。プロ野球が好きなら、甲子園の大会も見てみよう。もっとプロ野球がおもしろくなるはずだ。

花巻東高校《はなまきひがしこうこう》の大谷翔平《おおたにしょうへい》投手。

大阪桐蔭高校《おおさかとういんこうこう》の藤波《ふじなみ》晋《しん》太《た》郎《ろう》投手。

甲子園球場《こうしえんきゅうじょう》の歴史

■日本人が見たことのない大野球場

高校野球といえば、甲子園。

「こうしえん」と聞いただけで、なにか、わくわくするような感じがする野球ファンもいるだろう。春と夏、この球場でおこなわれる高校野球の全国大会が、むかしからたくさんの人たちを楽しませてきた。

でも、今から100年ほど前、全国大会がはじまったころは、別の球場でおこなわれていた。第1回から2回までは大阪府《おおさかふ》にある豊中球場《とよなかきゅうじょう》。第3回からは、兵庫県《ひょうごけん》にある鳴尾球場《なるおきゅうじょう》が試合会場になった。

だんだんと、野球の人気が高まっていたとき。球場に来るお客さんはふえるいっぽうだった。すると、客席がいっぱいになりすぎて、お客さんがグラウンドになだれこんでしまい、試合を止めないといけなくなることもおきた。これではキケンだということで、大会をとりしきる大阪朝日新聞《おおさかあさひしんぶん》は、もっとお客さんがたくさん入れる球場が必要と考えていた。

そんなとき、鳴尾球場《なるおきゅうじょう》を持っていた阪神電鉄《はんしんでんてつ》（のちにプロ野球の阪神《はんしん》タイガースをつくる会社）は、その球場ちかくに広い土地を手に入れていた。その土地に「鳴尾球場のかわりになる、日本人が見たことのない大野球場をつくろう」ということになって、1924（大正13）年の3月に新球場の建設がはじまった。むかしは今のような機械がないから、グラウンドの土は人がはこび、土をかためるローラーは牛がひいたそうだ。

■なぜ、甲子園《こうしえん》という名前になった？

建設《けんせつ》がはじまってから5カ月後、1924（大正13）8月1日に完成した新球場こそ、甲子園。最初は「甲子園大運動場」という名前だった。

では、なぜ、「甲子園」という名前になったのか。その理由を知るために、まず、甲子園ということばを「甲子」と「園」にわけてみよう。「園」は公園の園と同じ、場所をしめすことばだからわかるだろう。じゃあ「甲子《こうし》」ってなんだ?

みんな、お正月に「えと」ということばを聞いたことがあると思う。「えと」といえば、「今年はなに年?」「うま年」というふうに、十二支のことをしめすと思っている人は多い。でも、「えと」を漢字で書くと「干支」で、じっさいには、古代中国で考えられた「十干《じっかん》」というものと十二支との組み合わせが「干支」なのだ。

十干というのは、甲《こう》にはじまって、乙《おつ》・丙《へい》・丁《てい》・戊《ぼ》・己《き》・庚《こう》・辛《しん》・壬《じん》、そして癸《き》まで10しゅるい。

十二支はみんなもよく知っているとおり、ネズミの子《ね》からはじまって、丑《うし》・寅《とら》・ウサギの卯《う》・竜の辰《たつ》・ヘビの巳《み》・午《うま》・未《ひつじ》・申《さる》・酉《とり》・戌《いぬ》、そしてイノシシの亥《い》まで。

干支の組み合わせは全部で60とおりある。その60とおりのさいしょが甲子《きのえね》で、新球場ができた1924(大正13)年の干支が甲子だった。これはえんぎがいいということで、甲子を「こうし」と音読みにして甲子園と名づけられたのだ。

その客席は5万人分。もともと、前の球場にお客さんが入りきれなくなってつくられたのだから、球場をつくった人はそれぐらい必要と考えたのだろう。しかし、そのころにしてはとんでもない数だったから、「こんなに大きい球場をつくって人が集まるのだろうか」とまわりの人たちを心配させた。

■広すぎてホームランが出にくかった

8月1日、甲子園《こうしえん》ではじめておこなわれたスポーツは、じつは野球ではなかった。阪神電鉄《はんしんでんてつ》の各駅のまわりにある小学校の児童が集まって、大運動会がおこなわれたのだ。もちろん、運動会に5万人は集まらない。だからまわりの人たちはよけいに心配になって、この広い客席がいっぱいになるには何年もかかると考えていた。

それでも、8月13日、高校野球の全国大会がはじまるとお客さんが集まりだした。大会3日目には大入り満員になり、球場にかかわる人たちはホッとしてよろこんだ。

いっぽうで甲子園は、ラグビーや陸上競技などほかのスポーツにも使える運動場としてつくられたので、さいしょはグラウンドの形が今とはかなりちがっていた。レフトとライト（両翼《りょうよく》）は110メートルほどで、左中間・右中間は128メートルもあり、広すぎて、フェンスを超えるホームランはめったに出なかった。さらに外野のセンターはふくらみがなく一直線だったから、野球場らしくなかった。

けっきょく、甲子園《こうしえん》のちかくに甲子園南運動場《こうしえんみなみうんどうじょう》というグラウンドがつくられてから、グラウンドの形が少しずつ野球に合ったものになっていった。それでも、日本にあるほかの球場にくらべると広い。だから、甲子園ができて10年後、日米野球のために日本にやってきた大リーグのホームラン王、ベーブ・ルース（ヤンキースほか）は、「この球場は大きすぎる」と言っておどろいたという。

■イモ畑になってしまったグラウンド

1924（大正13）年の完成ということは、2014（平成26）年で満90歳《さい》になる甲子園。それだけの長い歴史のなかで、球場のなかみはいろいろと変わって今の形になった。

球場の完成から5年後、外野席にちかい内野スタンドが新しくつくられた。夏の大会のとき、高くて山のようなこのスタンドが白いシャツのファンで超満員《ちょうまんいん》になるのを、岡本一平《おかもといっぺい》というマンガ家が見た。そうして「入りきらぬ入場者のため、今年はスタンドの両翼《りょうよく》を増築《ぞうちく》した、両方で八千人よけいに入る、そのスタンドはまたすてきに高く見える、アルプススタンドだ、上の方には万年雪がありそうだ」という文章をマンガとともに朝日《あさひ》新聞《しんぶん》にのせた。それから、外野にちかい内野席は「アルプススタンド」とよばれるようになった。

さらに、１９３６（昭和11）年、アルプススタンドと同じ高さの「ヒマラヤスタンド」が新しく外野につくられた。やはり山にちなんだ名前がつけられて、これで今につづくスタンドの形が完成したのだった。

変わり方がはげしかったのは、内野スタンドをおおう銀傘《ぎんさん》だ。これは雨よけにもべんりだが、もともとは夏の強い日ざしをさけるためにつくられた。甲子園《こうしえん》ができたときは「鉄傘《てっさん》」とよばれていて、スタンドと同じように新しくつくられて、今とちがってアルプススタンドまでおおっていた。

しかし、１９４１（昭和16）年、日本が太平洋戦争に突入すると、金属《きんぞく》が不足したために鉄傘はとりこわされ、軍にさし出すことになった。このときは食べものも不足してきたため、グラウンドはイモ畑になってしまった。

１９４５（昭和20）年に戦争がおわってからも、しばらく鉄傘はないままだった。新しくつくられたのは１９５１（昭和26）年で、そのとき、銀色のジュラルミンでつくられたことから「銀傘《ぎんさん》」とよばれるようになったのだ。

■今はないラッキーゾーン

広い甲子園《こうしえん》らしく、変わったものに「ラッキーゾーン」がある。フェンスを越えるホームランが出にくい球場だったため、外野フェンスの手前にもうひとつ金網のフェンスがつくられた。ここに入れば「ラッキー」ということで、そう名づけられた。

ラッキーゾーンがつくられたのは、プロ野球の世界でホームラン・ブームがおきていた１９４７（昭和22）年。甲子園がホームグラウンドの阪神《はんしん》の監督兼投手《かんとくけんとうしゅ》・若林忠志《わかばやしただしせんしゅ》選手が、ファンが楽しみにしているホームランをふやそうとアイデアを出した。そのころのボールは材質が悪く、打球が飛びにくかったので、それならグラウンドをせまくすればいいと考えたのだ。

ラッキーゾーンができると、両翼《りょうよく》は91メートルのままでも、左中間・右中間は１２８メートルから１０８・５メートルと、20メートルちかくもみじかくなった。

５月におこなわれた、ラッキーゾーンのある甲子園でのさいしょの試合。選手たちは練習で外野フェンスを見たときから、これならすぐにホームランがでそうだ、と話し合ったという。しかし試合ではホームランをねらいすぎて、大振りする選手が多かった。けっきょく、ホームランは1本も出ず、ラッキーゾーンを考えた若林投手自身が投げて、完封勝《かんぷうが》ちしたというのはおもしろい。

それでも、だんだんとボールの品質《ひんしつ》がよくなって、体格《たいかく》のいい選手が技術《ぎじゅつ》をみがけばホームランはたくさん出るようになる。こんどは「ホームランが出すぎる」という意見が出て、全国各地に広い球場がふえたこともあり、1991（平成3）年12月に、ラッキーゾーンはとりはずされた。

■歴史を大事にしている球場

60年ぶりに甲子の年がめぐってきた1984（昭和59）年。スコアボードが電光掲《でんこうけい》示板方式《じばんほうしき》に変わって三代目になった。でも、その60年前に球場が完成したときにスコアボードはなく、1年後、木でつくられた初代スコアボードが誕生。それが二代目のコンクリート製《せい》に変わったのは1934（昭和9）年だ。

二代目のスコアボードにしめす選手名や点数などは、人の手で書かれ、人の力で入れかえられていた。しかも、選手名をしめす板はひとりぶんでも約7〜8キロと重く、特に夏、せまいスコアボードの中で作業するのはたいへんだった。そのたいへんな作業が、甲子園《こうしえん》では50年間もつづけられていたのだ。

むかしを今に伝えるかのように、三代目の形や色は二代目によくにている。選手名、点数の字体も、手で書かれていたものにちかい。そうした、球場の歴史を大事にしているところも甲子園の特ちょうのひとつだ。

歴史を大事にするといえば、甲子園名物のツタもそう。ツタは球場が完成した年にコンクリートの外壁をつつむように植えられた。壁一面《かべいちめん》に緑が広がるすがたは、ほかの球場とはちがうふんいきがあり、シンボルになっていた。

そのシンボルも、2007（平成19）年からリニューアル工事がおこなわれたとき、いったんとりのぞかれたが、球場が新しく生まれ変わった後にまた植えられた。以前と同じく球場全体をつつむようになるのは、東京オリンピック・パラリンピックが開《かい》催《さい》される2020年ごろといわれている。

■変わらない甲子園名物《こうしえんめいぶつ》とは？

グラウンドに目をうつせば、同じ植物の芝生《しばふ》の緑が目にまぶしい。でも、球場ができたときには土だけのグラウンドだった。それが2年後、外野にクローバーなどの草が生えて、芝生がわりになっていたそうだ。

芝生がはりつけられたのは、1928（昭和3）年12月から次の年の2月にかけて。その芝生も、秋から冬にかけて気温が下がると枯《か》れてしまっていたが、1982（昭和57）年から、冬でも枯れない芝を植えるようになって、ずっときれいな緑を見ることができている。

外野は芝生で、内野は黒い土のグラウンド。この土も、球場ができたころにくらべて変わっている。はじめは白っぽい色で、白いボールが見えにくかった。そこで黒土をあわせることになり、いろいろとためして、今のような色になった。

また、今では日本の黒土と中国の白砂をまぜていて、季節《きせつ》によってまぜる量を変えている。雨の多い少ない、日ざしの強い弱いで調整して、春には砂を多く、夏には黒土を多くする。いつでも選手たちが良いプレーをできるよう、グランドキーパーが目くばり、気くばりをしてくれているのだ。

グラウンドからスコアボードを見上げると、5本のポールが立っていて、旗《はた》が風になびいている。甲子園から南に1・5キロも行くともう海なので、ライト方向からレフト方向に海風がふくことが多い。

この海風は「浜風《はまかぜ》」とよばれていて、ふいているときはライト方向への打球があまり伸びなくなる。だから、プロ野球でもライトへのホームランはなかなか出にくく、特に左打者で引っ張る打球が多い人は不利になる。長い歴史のなかでいろいろと変わってきたなか、浜風は変わらない甲子園名物《こうしえんめいぶつ》だ。

外から見た、甲子園球場《こうしえんきゅうじょう》。

夏の甲子園《こうしえん》の記録《きろく》、なんでもナンバーワン!

夏の甲子園でいちばんヒットを打ったのはだれだろう? 甲子園にいちばん多く出場したのはどこの学校だろう? このコーナーは甲子園にまつわるナンバーワンの記録を紹介する。

【学校編《へん》】

■夏の甲子園でいちばん勝っている学校は?

夏の甲子園で76勝を記録している学校がある。これは、もちろん歴代ナンバーワンの記録だ。その学校は中京大学附属中京高校《ちゅうきょうだいがくふぞくちゅうきょうこうこう》(愛知《あいち》)。優勝回数も史上最多の7回をほこる超名門校だ。開校したのは今から約90年以上も前の1923(大正12)年。当時は中京商業という名前で、1931年(昭和6年)の第17回大会で初優勝した。

1933（昭和8）年の第19回大会は、中京商業《ちゅうきょうしょうぎょう》にとって三連覇《れんぱ》をかけた大会だった。この大会の準決勝で、中京商業は明石中《あかしちゅう》（兵庫、現・明石高校《あかしこうこう》）と対戦し、歴史に残る名勝負を演《えん》じている。

午後1時過ぎに始まったこの試合は、両校一歩も引かずに、0対0のまま延長《えんちょう》へ突入した。それでもなかなか決着がつかず、なんと25回まで進み、最後は中京商業がサヨナラ勝ちをおさめた。当時のスコアボードは16回までしか用意されておらず、17回以降は16回の右側に「0」と書いた板を釘《くぎ》でつなぎ合わせて、なんとか試合経過を表示したという。

この試合に先発した中京商業の吉田正男投手《よしだまさおとうしゅ》は、336球を投げきったという記録が残っている。これだけでもスゴイことだが、驚くことに、翌日《よくじつ》の決勝戦もマウンドに上がった。「腕《うで》の感覚はまったくなかった」という吉田投手だが、平安中《へいあんちゅう》（京都、現・龍谷大学付属平安高校《りゅうこくだいがくふぞくへいあんこうこう》）を相手に2対1で完投勝利を挙げたというからおどろく。中京商業は優勝し、念願《ねんがん》の甲子園三連覇《れんぱ》を達成した。

■夏の甲子園《こうしえん》にいちばん多く出場した学校は？

全国の地区大会を勝ち抜いた高校だけが出場できる夏の甲子園大会。２０１３（平成25）年の第95回大会まで、いちばん多く出場している高校は、松商学園高校《まつしょうがくえんこうこう》（長野《ながの》）と北海高校《ほっかいこうこう》（北海道《ほっかいどう》）だ。どちらも出場回数は35回で、２０１３（平成25）年までの最多出場記録となっている。

松商学園がはじめて夏の甲子園《こうしえん》に出場したのは、１９２０（大正９）年の第６回大会。それ以来、35回の出場で25勝を記録している。１９２４年（大正13年）の第10回大会で準優勝、１９２８（昭和３）年の第14回大会では優勝と、りっぱな成績《せいせき》をおさめているチームだ。

一方の北海高校も、初出場は松商学園と同じく１９２０（大正９）年。それから約80年かけて、２０１１（平成23）年の第93回大会に出場するまで、合計35回も夏の甲子園に出場している。

■夏の甲子園でいちばん多く点を取った学校は？

一試合でいちばん多く点を取ったのはPL学園高校《ピーエルがくえんこうこう》（大阪《おおさか》）だ。１９８５（昭和60）年の第67回大会7日目、東海大学山形高校《とうかいだいがくやまがたこうこう》（山形《やまがた》）との試合でPL学園の猛打《もうだ》が爆発《ばくはつ》した。

このときのPL学園にはその後プロ入りする選手が数多くいた。なかでも西武《せいぶ》や巨《きょ》人《じん》、オリックスなどで活躍《かつやく》した清原和博選手《きよはらかずひろせんしゅ》や、巨人を経てメジャーリーグにも挑戦した桑田真澄投手《くわたますみとうしゅ》の2人はKK《ケーケー》コンビと呼ばれ注目されていた（55ページ）。

右ヒジを痛めていた東海大学山形のエース・藤原安弘《ふじわらやすひろ》投手に、PL学園の打線が、容赦《ようしゃ》なくおそいかかった。初回、本塁打《ほんるいだ》とタイムリーで2点をうばったPL学園は、2回にも桑田選手のヒットから始まり6安打5得点、3回にも4安打4得点と、5回までに21安打20得点を記録。東海大学山形は6回から安達政弘投手に交代したが、それでもPL学園の攻撃は止まらなかった。

あまりの大差に先発した桑田投手を交代させ、野手の清原選手を甲子園のマウンドに上げる余裕《よゆう》もみせた。終わってみれば毎回得点となる29得点で圧勝。メンバー全員で54打数32安打、打率《だりつ》・593と打ちまくった。32安打は、チーム1試合史上最多。45塁打、27打点も歴代ナンバーワンだ。

この試合は、敗れた東海大学山形高校《とうかいだいがくやまがたこうこう》も7得点をあげたので、合計得点は両軍あわせて36得点となった。これも夏の甲子園《こうしえん》の1試合最多得点記録となっている。ただ、東海大学山形にとっては、くやしい敗戦となってしまった。

【打者編《へん》】

■夏の甲子園でいちばん最初にホームランを打った打者は？

夏の甲子園大会の記念すべき第1号本塁打《ほんるいだ》を放ったのは、広島中《ひろしまちゅう》（広島《ひろしま》、現・広島《ひろしま》国泰寺高校《こくたいじこうこう》）の中村隆元選手《なかむらたかもとせんしゅ》だ。1915（大正4）年の第1回大会の開幕戦、鳥取中（鳥取《とっとり》、現・鳥取西高校《とっとりにしこうこう》）との試合で記録した。ちなみに、ランニングホームランだった。

満塁本塁打《まんるいほんるいだ》の第1号は、1924（大正13）年の第10回大会で、静岡中《しずおかちゅう》（静岡《しずおか》、現・静岡高校《しずおかこうこう》）の田中市太郎選手《たなかいちたろうせんしゅ》が放った一発だ。北海中《ほっかいちゅう》（北海道《ほっかいどう》、現・北海高校《ほっかいこうこう》）との試合で、０対０のままむかえた５回表に、先制点となる満塁本塁打《まんるいほんるいだ》を放った。しかし、静岡中はその後同点に追いつかれ、結局４対５で北海中にサヨナラ負けとなってしまった。甲子園でとびだしたはじめての満塁本塁打は、残念ながら勝利に結びつくことはなかった。

それでは、甲子園でチームを勝利に導くサヨナラ本塁打をはじめて打ったのはだれだろう。答えは１９６１（昭和36）年の第43回大会に出場した銚子商業高校《ちょうししょうぎょうこうこう》（千葉《ちば》）の柴武利選手《しばたけとしせんしゅ》だ。２番打者の柴選手は、法政大学第一高校《ほうせいだいがくだいいちこうこう》（東京《とうきょう》、現・法政大学高校《ほうせいだいがくこう》）との試合で、延長12回に劇的なサヨナラ本塁打を放ち、２対１でチームを勝利に導いたのだった。

もうひとつ、満塁本塁打にまつわる話をしよう。１９７７（昭和52）年の第59回大会に出場した、大鉄高校《だいてつこうこう》（大阪《おおさか》、現・阪南大学高校《はんなんだいがくこうこう》）の川端正選手《かわばたただしせんしゅ》は、津久見高校《つくみこうこう》（大分《おおいた》）との３回戦で、延長11回裏になんとサヨナラ満塁本塁打を放った。試合はこの劇的《げきてき》な１発で、大鉄高校が10対６で勝利。両チームあわせて34安打の乱打戦を制したのだった。

■夏の甲子園《こうしえん》でいちばんの高打率《こうだりつ》を残した打者は？

打てば本数が増える本塁打にくらべて、打率は1打数1安打で打率1・000が記録される。つまり打率は打数と安打数が少なくても、高打率が記録されるのだ。そこで甲子園大会の打率は、初戦から勝ち抜き、ベスト8の試合までたどり着いたレギュラー選手の打率が、記録対象になっている。その条件に当てはめると、津久見高校《つくみこうこう》（大分《おおいた》）の古閑憲生選手《こがのりおせんしゅ》の打率・727が、夏の甲子園史上、もっとも高い打率となる。古閑選手は1988（昭和63）年の第70回大会に出場し、準々決勝までの3試合で11打数8安打をマークした。

いちばん多くの安打数を記録したのは、松山商業高校《まつやましょうぎょうこうこう》（愛媛《えひめ》）の水口栄二選手《みずぐちえいじせんしゅ》だ。1986（昭和61）年の第68回大会で、29打数19安打、打率・655という素晴らしい数字を残した。

また、甲子園のすべての打席で、連続してヒットを打ち続けた選手もいる。柳川商《やながわしょう》業高校《ぎょうこうこう》（福岡《ふくおか》、現・柳川高校《やながわこうこう》）の末次秀樹選手《すえつぐひできせんしゅ》だ。1976（昭和51）年の第58回大会に出場した柳川商業高校《やながわしょうぎょうこうこう》は、2回戦で三重高校《みえこうこう》（三重《みえ》）と対戦。4番・捕手《ほしゅ》で出場した末次選手《すえつぐせんしゅ》は、この試合で4打数4安打を放ち、チームも勝利した。続く3回戦でPL学園高校《ピーエルがくえんこうこう》（大阪《おおさか》）と対戦した末次選手は、この試合でも4打数4安打をマーク。しかし、残念ながら柳川商業高校《やながわしょうぎょうこうこう》は0対1でこの試合に敗れてしまう。チームは敗れたけれど、末次選手が達成したパーフェクトの打率1・000は、今でも連続安打記録として残っている。

■夏の甲子園《こうしえん》でいちばん多く三振《さんしん》してしまった打者は？

残念ながら甲子園でいちばん多く三振をしてしまった打者を紹介しよう。その選手は、1927（昭和2）年の第13回大会に出場した松本商業《まつもとしょうぎょう》（長野《ながの》、現・松商学園高校《まつしょうがくえんこうこう》）の上条章選手《かみじょうあきらせんしゅ》だ。2回戦から登場した松本商業は、準決勝まで3試合を戦った。全3試合に8番・三塁《さんるい》で出場した上条選手は、12個も三振してしまう。なんと、1試合で4三振する計算だ。

上条選手だけでなく、このときの松本商業はチームとしても三振が多かった。平安《へいあん》中《ちゅう》（京都《きょうと》、現・龍谷大学付属平安高校《りゅうこくだいがくふぞくへいあんこうこう》）と対戦した準々決勝では、チーム全体で14個も三振を記録。続く準決勝では広陵中《こうりょうちゅう》（広島《ひろしま》、現・広陵高校《こうりょうこうこう》）と戦い、11個も三振をしている。決して上条選手《かみじょうせんしゅ》だけが三振していたわけではない。

【投手編《へん》】

■夏の甲子園でいちばん三振をうばった投手は？

過去、いちばん三振をうばった投手は、1958（昭和33）年の第40回大会で6試合に登板し、大会通算83奪三振《だっさんしん》を記録した板東英二投手《ばんどうえいじとうしゅ》だ。

徳島商業高校《とくしましょうぎょうこうこう》（徳島《とくしま》）のエースだった板東投手は、この大会で伝説を作った。準々決勝で、魚津高校《うおづこうこう》（富山《とやま》）と対戦し、延長18回を戦って0対0で引き分け、翌日《よくじつ》再試合という熱戦をくりひろげた。板東投手は2試合ともマウンドに上がり、延長18回を戦った最初の試合では三振を25個もうばい、再試合でも9個の三振をうばうすばらしい投球を見せた。

再試合に勝利した徳島商業はその勢いのまま、準決勝も作新学院高校《さくしんがくいんこうこう》（栃木《とちぎ》）に勝利して、決勝戦に進み、柳井高校《やないこうこう》（山口《やまぐち》）と対戦。全国制覇《せいは》は目前に迫ったが、さすがに板東投手は連投の疲れもあり、残念ながら試合は0対7で敗れてしまった。しかし、板東《ばんどう》投手が記録した大会通算83奪三振《だつさんしん》は、いまだに破《やぶ》られていない。

大会通算の奪三振記録は板東投手にはおよばなかったが、1試合で驚くほどの三振をうばった投手がいる。2012（平成24）年の第94回大会に出場した桐光学園高校《とうこうがくえんこうこう》（神奈川《かながわ》）の松井裕樹《まついゆうき》投手《とうしゅ》だ。当時まだ2年生だった松井投手は、今治西高校《いまばりにしこうこう》（愛媛《えひめ》）と対戦し、1試合で22個も三振をうばったのだ。延長18回で25個の三振をうばった板東投手に対して、松井投手は9回で22奪三振《だつさんしん》だから、そのすごさがわかるだろう。

松井投手はこの大会で数々の三振記録を達成した。今治西高校との試合では10者連続奪三振に加えて、毎回奪三振も記録。続く常総学院高校《じょうそうがくいんこうこう》（茨城《いばらき》）との試合でも、毎回奪三振を記録した。準々決勝に駒を進め、光星学院高校《こうせいがくいんこうこう》（青森《あおもり》、現・八戸学院光星《はちのへがくいんこうせい》高校《こうこう》）と対戦。ここでも松井投手は、相手打者全員から三振をうばう投球を見せたのだった。しかし、この試合は0対3で敗れてしまう。やはり板東投手と同じように、三振をうばうほど球数が多くなり、疲れが出たのかもしれない。

2013年の秋、ドラフト1位で東北楽天《とうほくらくてん》ゴールデンイーグルスに指名され、プロ入りした松井投手《まついとうしゅ》が、今後どれだけ三振《さんしん》をうばうか、とても楽しみだ。

■いちばん少ない球数で完投した投手は？

板東投手《ばんどうとうしゅ》や松井投手など、三振をうばうタイプの投手はどうしても1試合で投げる球数が多くなってしまう。反対に三振をねらわず、打者を凡打に打ち取ることが得意な投手もいる。こういうタイプの投手は当然投球の数が少なくなる。

1979（昭和54）年の第61回大会の2回戦。倉敷商業高校《くらしきしょうぎょうこうこう》（岡山《おかやま》）のエース・片《かた》山勝投手《やままさるとうしゅ》は、浪商高校《なみしょうこうこう》（大阪《おおさか》、現・大阪体育大学浪商高校《おおさかたいいくだいがくなみしょうこうこう》）相手に、8回をわずか65球で投げきった。

9回を投げきって完投した例では、前年の1978（昭和53）年の第60回大会で鶴《つる》商学園高校《しょうがくえんこうこう》（山形《やまがた》、現・鶴岡東高校《つるおかひがしこうこう》）の君島厚志投手《きみしまあつしとうしゅ》が、日田林工高校《ひたりんこうこうこう》（大分《おおいた》）を相手に、なんと68球で完投している。

ちなみに片山投手は0対4で、君島投手は0対3で2人とも負け投手になってしまった。

次々と三振をうばう、桐光学園高校《とうこうがくえんこうこう》の松井裕樹《まついゆうき》投手《とうしゅ》。

■ノーヒットノーランを2回も達成した投手は？

プロ野球の試合でも、なかなか達成されないノーヒットノーラン。「無安打無得点」という意味だ。相手チームに一本のヒットも、一点の得点（ラン）を与えずに試合を終える。

長い歴史をほこる夏の甲子園《こうしえん》で、なんと2回もその大記録を達成した投手がひとりだけいる。

１９３９（昭和14）年の第25回大会は、和歌山県《わかやまけん》の海草中《かいそうちゅう》（和歌山《わかやま》、現・向陽高《こうようこう》校《こう》）の左腕《さわん》・嶋清一投手《しませいいちとうしゅ》のためのような大会だった。準決勝の島田商業《しまだしょうぎょう》（静岡《しずおか》）戦では17奪三振《だつさんしん》をふくむノーヒットノーランで8対0と勝利する。そしてむかえた下関商《しものせきしょう》業《ぎょう》（山口）との決勝戦で、嶋投手はさらにすばらしい投球をみせる。ゆるした走者は四球でだしたふたりのみ。それも盗塁死と一、二塁間のランダウンプレーにしとめて、残塁はなし。5対0で勝利した嶋投手は、なんと2試合連続でノーヒットノーランを達成してしまった。

嶋投手はこの大会で登板した5試合を、全て完封《かんぷう》。5試合で合計１５４人の打者と対戦し、ゆるしたヒットはわずか8本。計57奪三振《だっさんしん》を記録するおそろしいほどの投球をみせたのだった。

準決勝と決勝の2試合連続ノーヒットノーランを達成したのは、長い甲子園《こうしえん》の歴史のなかでも、もちろん嶋投手《しまとうしゅ》しかいない。またこれからも、こんなにスゴイ記録はなかなか生まれないだろう。

ちなみに、伝説の左腕《さわん》・嶋投手は1945(昭和20)年に、残念ながら戦争で亡《な》くなってしまった。もし嶋投手が生き残っていたら、野球の歴史も大きく変わっていたかもしれない。

【試合編《へん》】

■夏の甲子園《こうしえん》でいちばん最初に校旗《こうき》を掲揚《けいよう》したのは?

甲子園で試合が終わった後には、勝利した学校の校旗掲揚《こうきけいよう》と校歌斉唱《こうかせいしょう》が行われる。

校旗掲揚とは、甲子園球場のスコアボードのポールに、学校の旗《はた》がかかげられること。

この旗《はた》がさわやかな夏の風にたなびくのを見ながら、校歌を歌うことが球児《きゅうじ》、監督《かんとく》やマネージャー、校長先生など学校関係者にとっての大きな夢だ。

現在ではすっかりおなじみのシーンだけれど、実はこの儀式《ぎしき》がいちばん最初にはじまったのは、夏の甲子園《こうしえん》ではなくて春のセンバツだった。今から約80年以上前の、1929（昭和4）年の第6回大会で、初めて校旗掲揚《こうきけいよう》が行われたという記録が残っている。

夏の甲子園大会ではじまったのは、ずいぶんと後になってのことで、1957（昭和32）年の第39回大会からだ。開会式直後の第一試合では坂出商業高校《さかいでしょうぎょうこうこう》（香川《かがわ》）と、山形南高校《やまがたみなみこうこう》（山形《やまがた》）が戦い、勝利した坂出商業高校の校旗がセンターポールにかかげられた。しかし、初めてだったので、ロープがもつれてしまい、校歌斉唱中《こうかせいしょうちゅう》に旗が最後まであがらず、あらためてやり直したそうだ。なんだか微笑《ほほえ》ましいエピソードだ。

■最初にテレビ放送された試合は？

校旗掲揚や校歌斉唱と同じく、今ではあたりまえになっている甲子園のテレビ中継。

いちばん最初に放送されたのは、1953（昭和28）年の第35回大会だった。この大会は、日本全国から甲子園《こうしえん》を目指す高校が1700校を突破《とっぱ》。甲子園《こうしえん》への道が、さらに険しくなると同時に、その人気も急上昇していった。開幕日の8月13日の午前10時、高らかに鳴りひびくファンファーレとともに、たくましく日焼けした選手たちが、甲子園球場を入場行進した。その姿がはじめて、テレビで放送された。

テレビより先だって放送されたのが、ラジオだ。テレビ中継が始まる26年も前の1927（昭和2）年の第13回大会で、はじめてラジオによる野球実況《じっきょう》中継が行われた。最初は「ラジオで放送されると、球場に足を運ぶお客さんが減《へ》るのでは？」と心配されたという。しかしそんな心配をよそに、甲子園の人気はますます高まっていった。日本初の野球実況中継はハプニングの連続で、「打ちました、大きなフライ！　あっ、センターとりよった。エライやっちゃ！」と、思わず関西弁《かんさいべん》が飛びだしてしまったという笑《わら》い話も残っている。

■夏の甲子園でいちばん最初にナイターの試合が行われたのは？

夏の甲子園は、1日に4試合もこなすときがあり、最後の第4試合目は、ときどき夕方からはじまることになる。試合が進むにつれて、だんだんと太陽がしずみ、球場を暗闇がつつむようになる。こんなときは、プロ野球と同じように、ナイター照明がつく。なんだかわくわくするようなシーンだ。

甲子園大会で、はじめてナイター試合が行われたのは、1956（昭和31）年の第38回大会だった。この年5月に完成したナイター設備は、大会初日に早くも使われることになった。第3試合の伊那北高校《いなきたこうこう》（長野《ながの》）と静岡高校《しずおかこうこう》（静岡《しずおか》）の試合は、午後4時37分に開始。回が進むにつれ夕闇《ゆうやみ》がせまる甲子園球場《こうしえんきゅうじょう》。そして8回表、伊那北高校の攻撃中、ついに内野スタンドの照明灯が点灯した。さらにこの試合は1対1のまま延長戦《えんちょうせん》に入り、あたりはますます暗くなり、ついには外野の照明も点灯した。これが、日本の高校野球史上初めてナイターが行われた瞬間《しゅんかん》である。

夏の甲子園《こうしえん》『珍《ちん》』事件簿《じけんぼ》

2014（平成26）年で96回目となる夏の甲子園大会。100年近くの歴史があるということは、キミたちのおじいさんや、おばあさんたちが生まれる前から開催《かいさい》されているのだ。

その長い歴史のなかで、じつにさまざまな出来事が起こった。ここではみんながビックリするような出来事を紹介していこう。題して「夏の甲子園ハプニング集」。これを知っていれば友達に自慢《じまん》できるかもしれない！

【珍《ちん》プレー編《へん》】

■ポキリと折れてしまった優勝旗《ゆうしょうき》——1934（昭和9）年・第20回大会

この大会で初優勝《はつゆうしょう》をかざった広島県の呉港中《ごこうちゅう》（現・呉港高校《ごこうこうこう》）は、甲子園から地元・広島《ひろしま》に帰ってくると、駅前は優勝をよろこぶ人々であふれていた。選手たちは大勢のファンに取りかこまれてしまい、身動きがとれなくなってしまうくらいだった。

そんな状況で、チームのエースだった藤村富美男選手《ふじむらふみおせんしゅ》（大阪《おおさか》タイガース、のちの阪神《はんしん》）がファンに甲子園優勝旗《こうしえんゆうしょうき》をお披露目《ひろめ》しようとした瞬間、旗の柄の部分が何かにぶつかり、ポキリと折れてしまったという。

その場は何とかやり過ごしたけれど、翌年《よくとし》の夏には優勝旗を甲子園球場に返す決まりになっている。もちろん、折れたままの旗を返却《へんきゃく》できないので、折れた優勝旗を旗屋さんに持って行き、あわてて柄の部分を取りかえたという話が残っている。

■勝利したのに、校歌が歌えなかったチーム――1988（昭和63）年・第70回大会

全国の高校球児《こうこうきゅうじ》にとって、甲子園に出場して勝利し、自分たちの学校の校歌を歌うことは大きな夢である。毎日の厳しい練習も、こうした夢があるからがんばって続けられるのだろう。しかし、甲子園で勝利したにもかかわらず、その夢がかなわなかったチームがあるという。

滝川第二高校《たきがわだいにこうこう》（兵庫《ひょうご》）と高田高校《たかだこうこう》（岩手《いわて》）の試合は、8回裏2死まで滝川第二高校が9対3でリードしていた。しかし、試合当初から降っていた雨が突然強くなり、試合は11分間中断して、そのまま降雨コールド試合となる。試合終了後も激しい雨が降り続いたため、校歌斉唱《こうかせいしょう》や校旗掲揚《こうきけいよう》も中止になってしまったのだ。そして滝川第二高校は次の試合で敗れてしまい、その夏の甲子園で校歌を歌うことはできなかった。

残念だった滝川第二高校ナイン。しかし野球の神様はしっかりと彼らを見ていた。それから11年後、1999（平成11）年の第81回大会に出場した滝川第二高校は見事、初戦で東邦高校《とうほうこうこう》（愛知《あいち》）に6対5で勝利。夏の甲子園ではじめて、校歌を歌うことができたのだった。

■フェンスに手が挟まって試合中断——1998（平成10）年・第80回大会

宇部商業高校《うべしょうぎょうこうこう》（山口《やまぐち》）と日本大学東北高校《にほんだいがくとうほくこうこう》（福島《ふくしま》）の一戦で、信じられないプレーが起きた。6回裏の宇部商業高校の攻撃中、打球を追った日本大学東北高校のレフト・渡辺功之選手《わたなべかつゆきせんしゅ》がフェンスにぶつかって転んだ。その時、偶然《ぐうぜん》にも転んだ渡辺選手の右手が、フェンスに張ってあった鉄板と人工芝《じんこうしば》のわずか1・5センチのすき間にはさまってしまい、ぬけなくなってしまったのだ。

動けない渡辺選手《わたなべせんしゅ》の近くを転々と転がるボール。打った宇部商業高校《うべしょうぎょうこうこう》の清水夏希選《しみずなつきせん》手《しゅ》はすべての塁《るい》を走り抜けてホームイン。ランニングホームランとなった。試合のほうも5対2で宇部商業高校が勝利した。

野球規則《やきゅうきそく》ではタイムを宣告《せんこく》するとき、「突発事故《とっぱつじこ》で選手が動けなくなるか、審判員《しんぱんいん》が動けなくなった場合にタイムをかける」または「プレー中にタイムをかけてはならない」というルールを定めている。今回の場合は、他の野手がバックアップに来ていたため、プレー中にタイムをかけてはならないという方が優先され、清水選手がホームインするまで、タイムはかからなかった。

なかなか右手が抜けなかった渡辺選手。そのすき間に石けんをぬって滑《すべ》りをよくしたり、機械《きかい》で鉄板を持ち上げるなどして、約10分後に渡辺選手は救出された。骨には異常なく、大ケガにならなかったのが不幸中の幸いだった。

■消えたボール——2005(平成17)年・第87回

清峰高校《せいほうこうこう》（長崎《ながさき》）と愛知工業大学名電高校《あいちこうぎょうだいがくめいでんこうこう》（愛知《あいち》）の試合では、選手もスタンドのお客さんも、甲子園《こうしえん》にいた全員が、目を疑《うたが》うプレーが起きた。両校無得点のまま進んだ試合の5回、清峰高校が2死満塁《まんるい》のチャンスを得た場面で、大石剛志選手《おおいしつよしせんしゅ》の打球はショートゴロ。チャンスはつぶれたかと思われたその瞬間《しゅんかん》、愛知工業大学名電高校の柴田亮輔選手《しばたりょうすけせんしゅ》（元オリックスほか）がボールをうまく捕ることができず、なんとそのボールが柴田選手のユニフォームのなかへスッポリと入ってしまった。

「あれ、ボールはどこだ？」と焦る柴田選手。ショートゴロを胸でおさえつけるように捕球したときに、ユニフォームのボタンとボタンの隙間からボールが飛び込んで、取れなくなってしまったのだった。その間に三塁走者がホームインし、清峰が1点を先制。記録は「内野安打」となった。

ちなみに愛知工業大学名電高校のユニフォームはこの夏の大会から新調されたもの。試合の方は延長《えんちょう》13回の熱戦となり、2対4で愛知工業大学名電高校は負けてしまった。

【珍試合編《ちんしあいへん》】

■サヨナラホームスチール——1967(昭和42)年・第49回大会

この大会一回戦、報徳学園高校《ほうとくがくえんこうこう》（兵庫《ひょうご》）と大宮高校《おおみやこうこう》（埼玉《さいたま》）の試合は、9回表を終わって3対2と大宮高校がリード。その裏の報徳学園の攻撃も2死となり、大宮高校の勝利が近づいていた。

しかし、ここから報徳学園高校は四球と三塁打で同点に追いつく粘りをみせる。さらに走者三塁の場面で、吉田《よしだ》選手《せんしゅ》がカウント2—2から、まさかのホームスチールを試みた。これがものの見事に成功し、サヨナラ勝ちを決めたのだった。

この試合で通算83回目となった夏の甲子園《こうしえん》のサヨナラゲームだが、このうち、ホームスチールで勝負が決まったのははじめてのことだった。勝利を目前にして敗れた大宮高校の金子勝美《かねこかつみ》投手《とうしゅ》（元中日《ちゅうにち》）にとっては、なんともくやしい思い出となってしまった。

■4アウト事件――1982(昭和57)年・第64回大会

野球は3アウトでチェンジすることは、キミたちも知っているとおり。これはプロ野球だって高校野球だって少年野球だって変わらないルールだ。しかし、長い甲子園《こうしえん》の歴史のなかには、審判がまちがって4アウトを記録してしまった試合があったという。

益田高校《ますだこうこう》（島根《しまね》）と帯広農業高校《おびひろのうぎょうこうこう》（北海道《ほっかいどう》）の9回表、益田高校の攻撃中に事件は起きた。4対2とリードしていた益田高校はさらに1点を追加し、2死一塁の場面をむかえる。続く金原政行選手《かねはらまさゆきせんしゅ》がセカンドフライ。これで3アウトのはずが、スコアボードのアウトカウントは2アウトのまま。そして、次の打者の池永浩二選手《いけながこうじせんしゅ》は打席に入り、サードゴロにたおれた。

「あれ？　4アウトじゃないか」と池永選手が気づいたのは9回裏の守りの時だった。審判団も帯広農業高校ナインも4アウトに気づかず、反対に池永選手以外の益田高校ナインは攻撃中には全員、4アウトに気づいていたそうだ。

この事件の原因のひとつは、スコアボードの故障《こしょう》。本当は2アウトの時点でアウトカウントのランプは1つしか点灯《てんとう》しておらず、金原選手《かねはらせんしゅ》のセカンドフライでふたつめのアウトカウントが記録されてしまったのだ。

試合後、大会本部はこの失敗を謝《あやま》り、4人の審判団《しんぱんだん》を謹慎処分《きんしんしょぶん》にした。また池永選《いけながせん》手《しゅ》のサードゴロは、記録から消されてしまったそうだ。

■試合中にスコアボードのチーム名が変わった！──1986(昭和61)年・第68回大会

甲子園《こうしえん》のスコアボードに表示される校名について、こんな珍事が起きたことがある。宇都宮工業高校《うつのみやこうぎょうこうこう》（栃木《とちぎ》）と桐蔭高校《とういんこうこう》（和歌山《わかやま》）の試合では、宇都宮工業高校はスコアボードに「宇都宮」と表示されていた。当時の甲子園球場のスコアボードは、3文字しか校名が入らなかったのだ。

それを見た、宇都宮工業の応援団は、「栃木県《とちぎけん》では、宇都宮工業高校は、『宇工』と呼ばれているから、『宇工』で表示して欲しい」と大会本部に抗議《こうぎ》をした。そして、本部は試合中であるにもかかわらず、そのとおりに「宇都宮」から「宇工」に表示名を変更した。

試合序盤《じょばん》は桐蔭高校《とういんこうこう》に押され気味だった宇都宮工業高校《うつのみやこうぎょうこうこう》は、なんと、この直後から打線が爆発。3対2と逆転して、そのまま勝利をおさめたそうだ。

■スコアボードが「1」だらけ――1990年(平成2)年・第72回大会

甲子園《こうしえん》のスコアボードにまつわる話をもうひとつ紹介《しょうかい》しよう。西日本短期大学附属《にしにほんたんきだいがくふぞく》高校《こうこう》（福岡《ふくおか》）と桜井高校《さくらいこうこう》（富山《とやま》）の一戦では、珍しいスコアが生まれた。

先攻の西日本短期大学附属高校は初回こそ0点に終わったが、その後の攻撃で得点を重ねていった。そして終わってみれば、スコアボードにはきれいに八つ「1」が並んでいた。なんと2回から9回まで連続して1点ずつ取ったというわけだ。2回のスクイズにはじまって、ホームラン、タイムリー、おしだしと、いろいろなパターンで得点を重ねた。対する桜井高校は点を取ることができず、8対0という結果だった。

■夏の甲子園のいちばん長い日――1994（平成6）年夏・第76回大会

高校野球の試合は、プロ野球とちがって朝からはじまり、夕方にかけて行われる。夏の甲子園《こうしえん》の場合、一日に4試合を行うことがあるため、朝の8時からはじめたとしても、最後の第4試合目が終わると夕方かナイターになってしまうこともある。過去には終了が、夜の8時40分過ぎになってしまったことがあるそうだ。

第76回大会の準々決勝が行われた8月19日、この日の第1試合は朝8時からスタート。予定されていた試合は全て熱戦ばかりで時間がかかってしまい、あとにつづく試合の開始の時刻《じこく》がどんどん後にずれこんでいった。

第4試合の佐賀商業高校《さがしょうぎょうこうこう》（佐賀県《さがけん》）対北海高校《たいほっかいこうこう》（北海道《ほっかいどう》）の開始時刻《じこく》は、午後4時45分になっていた。これにくわえて、この試合、4回表の佐賀商業の攻撃中に激しい雨が降った。この雨でなんと、1時間33分も中断してしまったのだ。こうして、ゲームセットは夜の午後8時42分、6対3で佐賀商業が勝利した。

この日、朝の8時に始まった第1試合から、午後8時42分に終了した第4試合まで、合計12時間42分もかかったことになる。史上最長となる甲子園の長い1日は終わった。

なお、夏の甲子園で、もっともおそく終わった試合は第89回大会の7日目（8月14日）、第4試合に行われた文星芸大付属高校《ぶんせいげいだいふぞくこうこう》（栃木《とちぎ》）対興南高校《こうなんこうこう》（沖縄《おきなわ》）戦だ。試合終了は午後8時43分だった。ちなみに、この日の第1試合は、朝の8時半からスタートしていた。第1試合から第4試合まで、合計12時間13分かかった計算になる。つまり、前に書いた第76回大会のほうが、時間がかかったことになる。

■ミツバチが大襲来《だいしゅうらい》！——1998（平成10）年・第80回大会

毎年、多くの観客《かんきゃく》がつめかける甲子園球場《こうしえんきゅうじょう》。長い歴史のなかには、人間以外の珍しいお客さんがやってきたこともあった。

大会7日目の第2試合。バックネット裏から三塁側にかけて、約2000匹を超えるミツバチが飛び交い、スタンドは騒然《そうぜん》となった。

ミツバチに刺され、救護室《きゅうごしつ》で手当を受ける観客も現れたことから、球場の近くにある専門会社にミツバチ退治をお願いして、なんとか騒動は収まった。きっとミツバチたちも、高校野球が観たくてしょうがなかったのだろう。

■初勝利！と思ったのに……降雨《こうう》ノーゲーム――2003（平成15年）・第85回大会

ヤンキースの田中将大投手《たなかまさひろとうしゅ》の出身校としても有名な駒澤大学附属苫小牧高校《こまざわだいがくふぞくとまこまいこうこう》（北海道《ほっかいどう》）は、過去、甲子園でとてもくやしい思いをしている。

第85回大会の2日目、駒澤大学附属苫小牧高校は甲子園での初勝利を目指し、倉敷《くらしき》工業高校《こうぎょうこうこう》（岡山《おかやま》）と対戦していた。序盤2回に一挙に7点をうばい、3回までに8対0の大量リード。この時点では、誰もが駒澤大学附属苫小牧高校の勝利を信じて疑わなかった。

しかし野球の神様はときに残酷《ざんこく》なことをする。当日、甲子園には台風10号が接近していた。大量得点を挙げた2回の攻撃中にも、ポツポツと雨が降っていた。そして、4回の攻撃中、いよいよ雨が激しくなって試合は中断。12時20分に降雨ノーゲームが決定した。

気をとりなおしてむかえた翌日の再試合。今度は倉敷工業高校のエース・陶山大介《すやまだいすけ》投手が前日とは打って変わって、別人のようなすばらしい投球を見せた。結果は5対2で倉敷工業高校が勝利し、駒澤大学附属苫小牧高校は敗れてしまった。

さらにこの話にはつづきがある。駒大苫小牧《こまだいとまこまい》ナインは、降雨コールドのくやしさを胸に秘めて練習に明け暮れ、翌年の第86回大会に甲子園へ再び帰ってきた。そして、初戦で佐世保実業高校《させぼじつぎょうこうこう》（長崎《ながさき》）を破って甲子園《こうしえん》初勝利をかざると、そのまま勝ち進み、なんと優勝《ゆうしょう》してしまったのだ。この優勝は北海道の高校としてははじめてのこと。うれしい甲子園初優勝となった。

ちなみに中学生だった田中将大投手《たなかまさひろとうしゅ》は、前年の倉敷工業高校《くらしきこうぎょうこうこう》とのくやしい試合をスタンドで観戦していたという。その後、駒澤大学附属苫小牧高校《こまざわだいがくふぞくとまこまいこうこう》に入学した田中投手は、２年生からエースとして活躍《かつやく》。２年連続全国制覇《せいは》の原動力となった。

【珍記録《ちんきろく》・珍選手編《ちんせんしゅへん》】

■夏の大会で唯一《ゆいいつ》、決勝戦でサヨナラ本塁打《ほんるいだ》——1977(昭和52)年・第59回大会

夏の甲子園の大舞台で試合をしたら、どんな気持ちになるだろう。しかもその試合が決勝戦だったら、一生の思い出になることは間違いない。

そんな晴れの舞台で、サヨナラホームランを打った選手が1人だけいる。当時、兵庫県の東洋大学附属姫路高校《とうようだいがくふぞくひめじこうこう》の4番打者だった安井浩二選手だ。東邦高校《とうほうこうこう》（愛知《あいち》）と戦った決勝戦は、息詰《いきづ》まる投手戦になった。東邦高校のエースだった坂本佳一投手《さかもとよしかずとうしゅ》はまだ高校1年生で、バンビというニックネームでまるでアイドルのように人気があったばかりか、チームを決勝までみちびく大活躍《だいかつやく》を見せていた。

延長《えんちょう》10回裏2死、坂本投手からサヨナラホームランを打った安井選手。あまりに興《こう》奮《ふん》して、一塁ベースを踏《ふ》み忘れそうになるくらいによろこんだという。

■いつまでも終わらない11人連続安打――1986（昭和61）年・第68回大会

金属バットの音がいつまでも鳴りやまない試合があった。松山商業高校《まつやましょうぎょうこうこう》（愛媛《えひめ》）と浦和学院高校《うらわがくいんこうこう》（埼玉《さいたま》）で行われた準決勝での出来事。中盤の5回まで1対1と接戦がつづいていたこの試合で、6回表の松山商業高校の攻撃に大記録が生まれることになる。

まずは、4番打者の中村包選手が内野安打を放ち出塁《しゅつるい》。続く藤岡雅樹選手はサードゴロにたおれたが、次の打者からなんと11人連続でヒットが続いたのだ。1イニングでふたたび打席が回ってきた中村選手《なかむらせんしゅ》は二塁打《るいだ》を放ち、つづく藤岡選手《ふじおかせんしゅ》も今度はヒットを打って、これで9人連続安打。つづく2人の打者も2回目ヒットを記録して、合計11連続安打となった。次の12人目の打者がサードフライにたおれて、この記録はようやくストップしたが、この回だけで10得点をあげた。

1イニングでメンバー全員が安打を放ち、合計12本。このうち11本が連続ヒット。これらは、もちろん夏の大会の新記録となった。

甲子園《こうしえん》史上最大の連続攻撃を生み出した松山商打線《まつやましょうだせん》。このとき1番打者をつとめていた水口栄二選手《みずぐちえいじせんしゅ》は、卒業後、早稲田大学《わせだだいがく》に進んだ。その後、近鉄《きんてつ》バファローズにドラフトで指名され、プロの世界でも活躍《かつやく》した。

■あとひとり…夏の大会史上初の完全試合ならず――1982(昭和57)年・第64回大会

打者の目標はヒットやホームランを打つことだが、投手だったら相手打線にヒットを打たれない、完璧《かんぺき》な投球が目標ということになるだろう。試合で1本のヒットもゆるさず、得点を与えないことをノーヒットノーランと呼ぶ。さらにエラーや四死球などで相手チームの出塁《しゅつるい》をゆるさない、完璧な投球をパーフェクトゲーム（完全試合）と呼ぶ。

プロ野球でもめったにお目にかかれない記録だが、高校野球でも春のセンバツで2回達成されているだけだ。夏の甲子園《こうしえん》だと一度も達成されていない。でも一度だけ、達成寸前《すんぜん》までいった試合があった。

佐賀商業高校《さがしょうぎょうこうこう》（佐賀《さが》）対木造高校《たいきづくりこうこう》（青森《あおもり》）の試合だった。佐賀商業高校のエース・新谷博投手《しんたにひろしとうしゅ》は、9回2死まで木造打線に対してひとりのランナーもゆるさず、パーフェクトゲームまであとひとりまで迫っていた。

7対0と佐賀商業高校がリードしてむかえた9回裏、25人目の打者をショートゴロに打ち取り1死、26人目の打者は三振《さんしん》で2死。いよいよ達成される直前まできた大記録にスタンドは騒然《そうぜん》となった。木造ナインにとっては、何としてもパーフェクトゲームを阻止《そし》しなければならない。ここで木造高校が代打に送ったのは、なんとこの試合が公式戦初出場となる1年生選手だった。「これは大記録達成か」とますます期待が高まった。

しかし野球はわからない。新谷投手が投じた、この試合の94球目はインコースに曲がり、打者の右腕に当たってしまった。記録はデッドボールとなり、パーフェクトゲームは夢と消えてしまったのだ。

この後、28人目の打者をセカンドゴロにおさえ、新谷投手はノーヒットノーランを達成。夏の大会では当時19人目の偉業《いぎょう》だった。新谷投手は高校卒業後、大学や社会人野球を経てプロ入りし、西武《せいぶ》ライオンズなどで活躍《かつやく》した。

■ユニフォームを忘れてスタメンを外れる——1994（平成6）年・第76回大会

夢にまで見た甲子園《こうしえん》出場をはたし、いよいよ晴れの舞台での試合に臨む高校球児《こうこうきゅうじ》のなかには、あわてん坊の選手もいた。佐久高校《さくこうこう》（長野《ながの》、現・佐久長聖高校《さくちょうせいこうこう》）の遊撃手・呉羽洋一選手《くれはよういちせんしゅ》は甲子園球場に向かうバスの中で、ユニフォームを忘れてきたことに気がついた。

「どうしよう……」とあせる呉羽選手。甲子園《こうしえん》に到着後、宿舎に電話してユニフォームを届けてもらうことになった。しかし試合開始時間には間に合わず、呉羽選手は先発メンバーから外れてしまった。

背番号なしのユニフォームを着てベンチ入りした呉羽選手《くれはせんしゅ》に、ようやくユニフォームが届いたのは1回表の佐久高校《さくこうこう》の攻撃中《こうげきちゅう》。代わりに出場した鎌倉選手《かまくらせんしゅ》は内野安打を放つ活躍《かつやく》をみせた。呉羽《くれは》選手はあわててユニフォームに着がえて、1回裏から背番号6を背負って、甲子園のグラウンドに立つことができた。

この試合、呉羽選手のところに、ゴロが10個も飛んできたそうだ。呉羽選手はこれを落ち着いてさばき、しっかり責任《せきにん》を果たした。ちなみにこの大会、佐久高校《さくこうこう》はベスト4に名を連ねた。

■野球だけじゃない！　運動神経抜群《ばつぐん》の高校球児《こうこうきゅうじ》——1998年(平成10)年・第80回大会

八戸《はちのへ》工業大学第一高校《こうぎょうだいがくだいいちこうこう》（青森《あおもり》）の柳町亨選手は、運動神経抜群の選手。野球ではサードのレギュラーを獲得《かくとく》し、主将としてチームを引っ張る中心選手だった。そして夕方、野球の練習が終わると、スパイクをスピードスケートの靴《くつ》に履きかえる。実は柳町選手は、スピードスケートの選手でもあったのだ。中学3年生の時には全国大会で3位入賞（1500メートル）。高校生になってからも野球とスケートを両立させ、スケートでも全国大会に出場するほどの選手だった。

野球のほうは、1回戦で鹿児島実業高校《かごしまじつぎょうこうこう》（鹿児島《かごしま》）と対戦。現在、巨人で活躍《かつやく》している杉内俊哉《すぎうちとしや》投手《とうしゅ》の前に3打席連続三振に打ちとられ、チームはなんとノーヒットノーランを喫《きっ》してしまった。

■投球中に肉離れ！　無念の退場――2002（平成14）年・第84回大会

久居農林高校《ひさいのうりんこうこう》（三重《みえ》）のエース・世古洋人投手にとって、甲子園《こうしえん》のマウンドは残酷《ざんこく》な場所になった。玉野光南高校《たまのこうなんこうこう》（岡山《おかやま》）との試合に先発し、2対2と好ゲームを展開していた6回裏、マウンド上の世古投手が叫び声を上げてその場にたおれこんだ。

右ふくらはぎがけいれんし、肉ばなれになってしまった世古投手。急いでスパイクを脱がされ、回復を待つが、自分の力で立ち上がることができない。結局、仲間たちにかかえられながらマウンドを降りることになった。試合の方は8回に2点をもぎ取った玉野光南高校が勝利し、久居農林高校の短い夏は終わってしまった。夏の甲子園は過酷《かこく》な場所でもあるのだ。

【番外編】

■全力疾走《しっそう》がチームの伝統

土佐高校《とさこうこう》（高知《こうち》）野球部は今から約70年前の1947（昭和22）年に創部《そうぶ》した伝統《でんとう》ある野球部だ。今まで夏の甲子園《こうしえん》には4回出場しており、準優勝《じゅんゆうしょう》したこともある。

その土佐ナインは、グラウンド上では必ず全力疾走《しっそう》することで有名だ。攻守交代はもちろん、アウトになってベンチにもどるときも、全力疾走でグラウンドを走る。長い歴史を経てきた土佐高校だが、今までいた全ての選手がこれを心がけてきた。おじいさんの世代から今までずっとこれが引き継がれているのはスゴイことだ。全力疾走こそ、土佐高校のチームカラーであり伝統なのだ。

■甲子園《こうしえん》に2度出場して2度とも延長戦《えんちょうせん》で負けたチーム

小松高校《こまつこうこう》（石川《いしかわ》）は、夏の甲子園に過去2回出場している。初出場の1986（昭和61）年と、13年後の1999（平成11）年だ。しかし、その2回ともに延長戦《えんちょうせん》を戦い、残念ながら健闘《けんとう》およばずふたつとも敗れている珍《めずら》しい高校だ。もし、次回出場することになったら、ぜひ応援《おうえん》しよう。

■22本もヒットを打って負けたチーム

2002（平成14）年、第84回大会に出場した日章学園高校《にっしょうがくえんこうこう》（宮崎《みやざき》）は、2回戦で興誠高校《こうせいこうこう》（静岡、現・浜松学院高校《はままつがくいんこうこう》）と対戦することになった。

試合は序盤から日章学園高校がヒットを重ね、押し気味に進めていた。しかし、なかなか興誠高校を突き放すことができず、8回を終わって8対8の同点となった。むかえた9回表、興誠高校は四球や相手のエラーなどでノーヒットながら1点をもぎ取り勝ちこした。そして9回裏の攻撃、日章学園高校は2本のヒットを打つものの無得点に終わってしまい、結局9対8で興誠高校が勝利をおさめた。

振り返ればこの試合、日章学園高校は1回から9回まで毎回安打、合計22本もヒットを打ちながら敗れてしまったのだ。普通は1試合でこんなにヒットを打ったら負けることはない。だけど、日章学園高校《にっしょうがくえんこうこう》はダブルプレーなどでたくさんのチャンスをつぶしてしまった。ちなみに、勝利した興誠高校《こうせいこうこう》の打ったヒットは、日章学園高校の半分より少ない9本だった。

夏の甲子園の歴史を振り返り、甲子園で起こった珍しい事件の数々を紹介《しょうかい》してきた。ちょっと笑えてしまうような話や、大変な話もあったが、これはみんな高校球児《こうこうきゅうじ》たちが熱心にプレーした結果だ。珍しい記録や事件が生まれたのは、一生懸命《いっしょうけんめい》にプレーしているからこそ。今年もまた、何か珍しい事件がおこるかもしれないが、このことだけはおぼえておこう。

参 考 文 献

〔書籍〕

『シリーズにっぽんの高校野球 Vol・16 総集編』(ベースボール・マガジン社)
『スローカーブを、もう一球』 山際淳司(角川文庫)
『ドキュメント横浜vs.PL学園』(朝日文庫)
『プロ野球選手の甲子園伝説 名勝負編』(宝島SUGOI文庫)
『沖縄を変えた男 栽弘義』 松永多佳倫(ベースボール・マガジン社)
『夏の甲子園トリビア～47都道府県別対抗』 上杉純也(ダイアプレス)
『完本 桑田真澄』(文春文庫)
『完本 清原和博』(文春文庫)
『監督と甲子園 1～6』 藤井利香(日刊スポーツ出版社)
『球場物語』(ベースボール・マガジン社)
『激闘甲子園「不滅の大記録」』(宝島SUGOI文庫)
『県別全国高校野球史』 森岡浩(東京堂出版)
『甲子園 伝説&未来の名将列伝』(スコラマガジン)
『甲子園グラフィティ1』 朝日新聞社編(朝日新聞社・朝日文庫)
『甲子園グラフィティ2』 朝日新聞社編(朝日新聞社・朝日文庫)
『甲子園怪物列伝』 小関順二(草思社)
『甲子園出場を目指すならこの監督!』 手束仁(日刊スポーツ出版社)
『高校野球 甲子園―名投手物語 球史に残る感動の熱闘』 鈴木俊彦(心交社)
『高校野球 甲子園優勝物語』(ベースボール・マガジン社)
『高校野球[あの記憶]』(ベースボール・マガジン社)
『高校野球の事典』(神田順治・編著(三省堂)
『高校野球甲子園「記録の90年」』(ベースボール・マガジン社)
『高校野球甲子園全出場校大事典 増補改訂版』 森岡浩(東京堂出版)
『高校野球「名監督」 列伝』(ベースボール・マガジン社)
『四番、ピッチャー、背番号1』 横尾弘一(ダイヤモンド社)
『松井秀喜 ゴジラパワーの秘密』 広岡勲(講談社)
『真実の一球 怪物・江川はなぜ史上最高と呼ばれるのか』 松井優史(竹書房)
『青い空 白い雲 甲子園高校野球放送42年』 植草貞夫(講談社)
『甲子園高校野球人名事典』 森岡浩(東京堂出版)
『池田高校野球部―栄光の奇跡』(ベースボール・マガジン社)
『南の島の甲子園 八重山商工の夏』 下川裕治(双葉社)
『熱球譜 甲子園全試合スコアデータブック』 恒川直俊・編(東京堂出版)
『熱闘!! 甲子園夢伝説 ビッグ・ヒーロー&ゲーム1956～2002』 菅谷齊・岡沢克郎(学習研究社)
『不滅の高校野球―栄光と感激のあと』(上下)』(松尾俊治(ベースボール・マガジン社)
『野球と戦争』 山室寛之(中公新書)
『野球小僧　高校野球超検定読本』(白夜書房)
『琉球ボーイズ』 市田実(小学館)

〔新聞〕

朝日新聞／毎日新聞／スポーツ報知

〔WEB〕

WEB NUMBER／WEB RONZA／阪神甲子園球場ウェブサイト

著・『野球太郎』編集部（ナックルボールスタジアム）
2012年に発足した野球専門の編集部。同年より野球専門誌『野球太郎』（イマジニア株式会社　ナックルボールスタジアム）を発行している。他には、中学野球専門誌『中学野球太郎』、スマートフォンサイト『週刊野球太郎』（http://yakyutaro.jp）の編集、インターネットの有名サイトに野球の記事を配信している。編集部は神宮球場のすぐそばにある。シーズン中は、夜になるとカクテル光線が窓から降り注ぎ、場内アナウンスが聞こえてくる。

企画・構成：『野球太郎』編集部（成澤浩一、持木秀仁、菊地高弘、西山裕貴@イマジニア株式会社ナックルボールスタジアム）
原稿執筆・編集協力：高橋安幸、オグマナオト、鈴木雷人、山本貴政、加藤之康
写真協力：岡沢克郎、スポーツニッポン新聞社、『野球太郎』編集部

2016年4月　第1刷

〈図書館版〉スポーツのスゴイ話②

高校野球のスゴイ話

著　者　『野球太郎』編集部
発行者　奥村 傳
編　集　加藤裕樹／萩原由美
発行所　株式会社ポプラ社
東京都新宿区大京町22-1　〒160-8565
振替　00140-3-149271
電話（編集）03-3357-2216　（営業）03-3357-2212
インターネットホームページ http://www.poplar.co.jp
印刷・製本　中央精版印刷株式会社
フォーマット デザイン　濱田悦裕
装丁・本文デザイン　楢原直子（ポプラ社）

ISBN978-4-591-14889-1　N.D.C.916　230p　18cm